Cub

or the

16th, 17th, and 18th Centuries

Censos, Padrones y Matrículas de la Población de Cuba Siglos 16, 17 y 18

Revised Edition

By Peter E. Carr

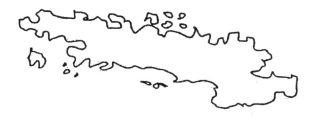

CLEARFIELD

A mi familia en Cuba

I N D I C E

TABLE OF CONTENTS

PROLOGUE

The history of a nation cannot be written nor understood without the names of the people who participated in its foundation and evolution.

For the start of Spanish exploration and colonization of the New World, the documentation that mentions these settlers is scarce and incomplete. This is what has happened for the island of Cuba. Between the destruction by pirates, climatic events, and wars, the destruction of these documents has been very extensive.

Additionally, although in their administrative character the Spanish created a vast amount of documents, most of it had to do with satisfying the desires of the Spanish Crown and not that of the common citizen. For this reason the type of documentation that can be used as a census or list of residents is not abundant. These lists are distributed among the hundreds of *legajos* or document bundles of several archives in both Spain and Cuba.

If the Western Hemisphere was a New World for the Spanish and other European nations who started exploring these lands as of 1493, for the indigenous population the colonization of the Americas was an invasion. Even so, the conquest helped to conserve much demographic information about this native population.

Even though in the majority of cases in which natives are mention by name, it is usually their Spanish-given names. However, in some cases such as in the indigenous towns of Guanabacoa and Jigüani, some native names appear.

These census records aid in the demographic study and determination of the Spanish region or province from which they originated, as well as other nations of possible origin.

Other demographic studies have concentrated their efforts in statistics. The best ones of those are by Juan PEREZ de la RIVA and Peter Lloyd BOWMAN. The present study dedicates itself to give life to the statistics by concentrating in one volume the names and surnames of the explorers and colonizers.

Due to the bad preservation of many documents, this study has used other lists beyond the realm of the census. These lists include residents, owners, military, and other types of lists that are preserved in the documentation. These documents, like the town council election lists, show the residents of a particular place.

In certain cases it is possible to determine the year of death of a *regidor* or council member, mayor or other civil employee simply by following them in the lists until they do not appear. This may indicate their death, departure, or non-servitude due to old age.

These lists, although incomplete, indicate the names of the majority of the male inhabitants. It is very rare to find names of women except for widows. It is even more difficult to locate the names of slaves whether black or Indians.

On several occasions the numbers of slaves are included so that at least their existence is shown. Additionally, in the Appendix we are given the population totals for the censuses until the end of the eighteenth century.

At the time that these lists were gathered, the spelling of the last names and other words was not standard. For the sake of clarity, the modern form has been used in almost all cases. On other occasions or when it seems to be the preferred manner of spelling, the surname or names have been left as they were. In some of these instances the word "sic" was added after the word in question.

Chapter I
BRIEF HISTORY OF CENSUS TAKING

During all the history of humanity, for one reason or another, population censuses have been conducted by the civilian authorities or the military. The principal reason has been to know the number of people that existed within a jurisdiction.

In many cases these counts have been made to include a list of men, who at any moment can be used by the military in battle. In other cases, the lists were made to collect taxes.

One of the better known censuses of the world was the one decreed by Roman Emperor Tiberius at the time of the birth of Christ. He decreed that all men should return to the towns of their births to be counted. Joseph, being from Bethlehem, traveled there with his wife Mary. While there she gave birth to Jesus.

During the era of Spanish colonization of the New World, the secular and ecclesiastic authorities took a census every few years. For the most part, these were to determine the number of able-bodied men that could be used during a pirate attack and to count how many parishioners each parish had.

In fact, the times were so adventurous and difficult that from one year to the next the population of a village or city changed drastically, especially because the mortality was very large.

In no case can these lists be confused with modern census taking. This did not occur in Cuba until the one of 1774. In other words, these lists did not contain the detail which our modern censuses contain. The old lists usually mentioned the name of the person, once in a while the age, sometimes the nationality, if foreigners, and they were grouped by whether the person was a Spaniard, an Indian, black and whether they were free or slave.

These lists provide the opportunity to know the many inhabitants during a period of history when the majority of people led invisible lives.

Chapter II
CUBAN RESIDENTS IN THE EXPEDITION OF CORTES

Even though not necessarily born in Cuba, many of the explorers who left with CORTES for the conquest of Mexico had lived in Cuba for a short period of time. Some of them had *encomiendas* or Indian-labor farms, while others waited for such opportunity as CORTES offered by order of Governor of Cuba VELAZQUEZ.

The most complete list of these explorers was given by Bernal DIAZ DEL CASTILLO in his book, *La Conquista de Nueva España*. In this book, DIAZ DEL CASTILLO provides the names of the men chosen by CORTES, their origin, and sometimes their profession or skill.

Other sources exist like that of Irene A. WRIGHT ed, *Historia Documentada de San Cristóbal de La Habana en el Siglo XVI*. Additionally, José Martín Félix DE ARRATE in his work *Llave del Nuevo Mundo: La Habana descripta* adds other names. Finally, Ignacio J. DE URRUTIA in his *Teatro histórico, jurídico, político y militar de la Isla de Fernandina de Cuba, y principalmente de su capital, La Habana*, accepts the names as given by ARRATE without adding others. The list follows: Pedro DE AVILA, Juan SEDEÑO, Francisco DE MONTEJO - later Governor of Yucatán and Hondúras and who had possessions in Mariel, Cuba, Diego DE SOTO - the one from Toro, butler for CORTES, ANGULO, Garcia CARO, Sebastián RODRIGUEZ, PACHECO, *fulano* (so and so) GUTIERREZ, Alonso de ROJAS (not the rich one who was named Juan), a *mancebo* (a young man) who was called Santa Clara, two brothers who were called MARTINEZ DEL FREGENAL, and Juan DE NAJERAS, GUZMAN, Cristóbal DE GUZMAN who captured Guatimozin during the war in Mexico, Rodrigo RANGUEL or RANGEL - waiter, Juan DE CACERES - butler, Diego DE ORDAZ, Juan VELAZQUEZ DE LEON, Andrés and Gregorio MONJARRAZ, Alonso GONZALEZ - cleric who was in Cuba in 1517, Alonso HERNANDEZ DE PUERTOCARRERO, Gonzalo DE SANDOVEL or SANDOVAL, Gonzalo LOPEZ DE XIMENO, and Juan LOPEZ or SEDEÑO - his brother, Juan and Francisco DE MADRID SOTOLONGO - uncles of Diego DE SOTO and Alonso DE ROJAS who were brothers, Antón RECIO, Pedro DE BARBA - Lt. Governor of Cuba, Pedro DE VELAZQUEZ - who had properties in Matanzas, Cuba, Pedro DE VILLAROEL, Juan NUÑEZ SEDEÑO - who sold provisions to CORTES, Gaspar DE VILLAROEL, SAN MARTIN, GALDAMES and Garcia MEJIAS.

All the previous ones were residents of Havana, not in the location of the present city, but in its original location on the southern coast of Cuba. However, there were also men from other cities and villages who went with CORTES.

From Trinidad: Jorge DE ALVARADO, Juan DE ALVARADO - his brother, Juan DE ESCALANTE, Pedro SANCHEZ FARFAN, Gaspar SANCHEZ, Francisco VERDUGO, warden and brother-in-law of Governor VELAZQUEZ, Gonzalo MEJIA, BAENA, Juanes DE FUENTERRABIA, ORTIZ - possibly a musician, Diego DE PINEDA or PINEDO, Alonso RODRIGUEZ, Bartolomé GARCIA, and two surnames LARES.

From Santiago de Cuba: Juan DE GRIJALVA, Alonso DE AVILA, and Pedro DE ALVARADO, brother of the ones from Trinidad. All of these had grants of Indian labor-farms in Cuba.

Other residents of Cuba at that time were: 1517- Francisco HERNANDEZ DE CORDOBA, Antón DE ALAMINOS - born in Palos, Spain, Bernaldino IÑIGUEZ - born in Santo Domingo de la Calzada, Spain and soldier. 1518 - Juan DE QUITERIA - soldier who died in a battle against the Indians, Cristóbal DE OLID - captain, Bartolomé PARDO - soldier. 1519 - Andrés DE DUERO, secretary to Governor VELAZQUEZ and accountant, Amador DE LARES, Francisco DE MORLA, ESCOBAR - possibly a captain, HEREDIA, Juan RUANO, Pedro ESCUDERO, Martín RAMOS DE LARES, Juan MILLAN, Pedro DE LA VEGA, Bartolomé DEL OLMEDO - Franciscan friar, CAMACHO - pilot, Gines NORTES, Bartolomé DE USAGRE - artilleryman, Vasco PORCALLO, Agustín BERMUDEZ, Antonio VELAZQUEZ BORREGO and Bernardino VELAZQUEZ or VAZQUEZ DE TAPIA? - all four of them relatives of Governor VELAZQUEZ, MESA or MEZZA - artilleryman, ARBENGA - artilleryman, Juan CATALAN - artilleryman, Francisco DE OROZCO, Juan BENITEZ, Pedro DE GUZMAN, Martín RAMOS - Basque, Juan SEDEÑO (another one), Juan ALVAREZ - pilot, the one with a missing hand, Francisco DE LUGO, Diego DE GODOY - notary, GARNICA - messenger for Governor VELAZQUEZ, Antonio DE VILLARROEL, BERRIO, Alonso YANEZ and Alvaro LOPEZ - carpenters, Juan DIAZ - cleric, Luis DE ZARAGOZA and Andrés DE TAPIA. All of them traveled with CORTES, too.

La história de una nación no se puede escribir ni entender sin los nombres de las personas que participaron en su fundación y evolución.

Para la época primitiva de la exploración y población por los españoles del Nuevo Mundo, la documentación que menciona a dichos pobladores es escasa e incompleta. Esto es lo que precisamente ha ocurrido en la isla de Cuba. Entre el tiempo que ha pasado, el clima, ataques corsarios y las guerras, la destrucción de documentos ha sido muy extensa.

Además, aunque en su carácter administrativo los españoles crearon una basta documentación, mucha de ella tenía más que ver con el satisfacer los deseos de la Corona y no de preocuparse por el ciudadano común. Por eso el tipo de documentación que se puede usar como "censo o padrón", no es abundante y está repartida entre cientos de legajos en varios archivos.

Si el hemisfério éste era un Nuevo Mundo para los españoles y europeos que a partir del año 1493 concurrieron a el, para los indígenas que vivían en el, la colonización de las Américas fue una invasión. Así todo, dicha conquista ayudó a conservar alguna información demográfica acerca de la población indígena, cosa que no hubiese ocurrido sin el encuentro.

Aunque en la mayoría de los casos en que los indios aparecen mencionados, es con sus nombres en español, como en los pueblos de indios de Guanabacoa y Jigüaní, en algunos casos aparecen con sus nombres indios.

Estos censos, padrones, matrículas, relaciones y listas ayudan al estudio demográfico para poder determinar de cuales regiones o provincias españolas y otros paises procedían dichos pobladores.

Otros estudios demográficos han concentrado sus esfuerzos en la estadística. Los mejores son los de Juan PEREZ DE LA RIVA y Peter LLoyd BOWMAN. El presente estudio se dedica a darle vida a las estadísticas, concentrando en un tomo los nombres.

1

Por causa de la mala preservación de muchos documentos, este estudio ha expuesto listas de vecinos, residentes, dueños, moradores y demás tipos de individuos que se encuentran preservadas en otras clases de documentos. Estos documentos, como las listas de las elecciones de cabildo, sirven para conocer parte de los residentes de un lugar.

En ciertos casos es posible determinar el año de defunción de un regidor, alcalde u otro funcionario simplemente siguiéndolo en las listas hasta que no aparezca más. Cási siempre esto indica su defunción.

Dichas listas, aunque no están completas, indican los nombres de la mayoría de los habitantes masculinos. Es muy raro encontrar nombres de mujeres a no ser las viudas. Es aun mas difícil hallar nombres de esclavos sean negros o indios.

En varias ocasiones hemos incluído las cifras de esclavos para por lo menos saber que existían. Además, hemos indicado en el Apéndice los totales de la población en los censos locales y generales hechos hasta el fin del siglo XVIII.

En la época en que se formularon estas listas, el deletreo de los apellidos y otras palabras no era ordenado. Se ha usado la forma moderna, en casi todos los casos. En otras ocasiones o cuando parece ser que eran deletreados de otra forma, la cual en aquellos tiempos era aceptada aunque hoy no, se han dejado sin cambiar o se les ha puesto la palabra 'sic' entre paréntesis.

2

Capítulo I
BREVE HISTORIA DEL PRINCIPIO DE LOS CENSOS

Durante toda la historia de la humanidad, por una causa u otra, censos de población se han efectuado por las autoridades civil o militar. La razón mas importante para hacer un censo ha sido, mayormente, para saber el total de la población.

En muchos casos estos conteos se han hecho para tener lista de los hombres, que en momento de guerra, sirvan en la batalla. En otros casos, las cifras sirven para poder cobrar impuestos.

Uno de los censos más conocidos del mundo cristiano fué el que tomó lugar al estar al nacer Jesucristo. En esos tiempos el emperador romano Tiberius dictó que todos los hombres deberían de ir o regresar a sus pueblos natales para ser contados. José, siendo del pueblo de Betlehem, viajó con su esposa María hacia él y allí Jesucristo nació.

Durante la época de la colonización española del Nuevo Mundo, las autoridades seculares y eclesiásticas tomaban o levantaban un censo o padrón cada poco tiempo. Por la mayor parte, esto era hecho para determinar los hombres hábiles en caso de ataque por corsarios tanto como contar cuantos feligreses tenía cada parroquia.

Además, los tiempos eran muy aventurosos y difíciles. De un año a otro la población de una villa o ciudad cambiaba inmensamente por muchas causas, especialmente porque la mortalidad era tan grande.

En ningún sentido dichos padrones pueden ser caracterizados como modernos los cuales comenzaron en Cuba con el del año 1774. Es decir, no tienen el interminable detalle que llevan los de hoy en día. Estas listas antiguas, por la mayor parte, solamente mencionan el nombre de la persona. Hay veces que aparece la edad y la nacionalidad, si no eran españoles. También se separaban los grupos de indios, negros y si eran libres o no.

Estas listas nos proporcionan la oportunidad de conocer a los habitantes de los tiempos en que la mayoría de la población vivía vidas incógnitas.

3

Capítulo II
RESIDENTES DE CUBA EN LA EXPEDICION DE CORTES

Aunque no necesariamente nacidos en Cuba, muchos de los exploradores que partieron con CORTES a la conquista de Méjico llevaban tiempo viviendo en ella. Algunos tenían encomiendas mientras que otros esperaban tal oportunidad como la que les ofreció CORTES por orden de VELAZQUEZ.

La más rica relación de estos la ofrece Bernal DIAZ DEL CASTILLO en La Conquista de Nueva Espana. En dicho libro, DIAZ DEL CASTILLO nos ofrece los nombres de los hombres que CORTES escogió, su naturaleza y, a veces, su oficio o profesión.

Otras fuentes existen como la obra de Irene A. WRIGHT, Historia Documentada de San Cristóbal de La Habana en el Siglo XVI. Además, José Martín Félix DE ARRATE en su obra Llave del Nuevo Mundo: La Habana descripta agrega a otros. Finalmente, Ignacio J. DE URRUTIA en su Teatro histórico, jurídico, político y militar de la Isla Fernandina de Cuba, y principalmente de su capital, La Habana, acepta los nombres dados por ARRATE sin agregar otros. La lista sigue - Pedro DE AVILA, Juan SEDENO, Francisco DE MONTEJO -luego adelantado y gobernador de Yucatán y Honduras el cual tenía posesiones en el Mariel, Diego DE SOTO, el de Toro - mayordomo de CORTES, ANGULO, García CARO, Sebastián RODRIGUEZ, PACHECO, fulano GUTIERREZ, Alonso DE ROJAS (no el rico quién se llamaba Juan), un mancebo que le decían Santa Clara, dos hermanos que le decían MARTINEZ DEL FREGENAL y Juan DE NAJERAS, GUZMAN, Cristóbal DE GUZMAN que prendió a Guatimozin cuando la guerra de Méjico, Rodrigo RANGUEL o RANGEL - camarero, Juan DE CACERES- mayordomo, Diego DE ORDAZ, Juan VELAZQUEZ DE LEON, Andrés y Gregorio MONJARRAZ, Alonso GONZALEZ- clérigo el quién estaba en Cuba en el 1517, Alonso HERNANDEZ DE PUERTOCARRERO, Gonzalo DE SANDOVEL o SANDOVAL, Gonzalo LOPEZ DE XIMENO y Juan LOPEZ o SEDENO, su hermano, Juan y Francisco DE MADRID SOTOLONGO, tios de Diego DE SOTO y Alonso DE ROJAS los cuales eran hermanos, Antón RECIO, Pedro DE BARBA - teniente gobernador de Cuba, Pedro DE VELAZQUEZ que tenía propiedades en Matanzas, Pedro DE VILLAROEL, Juan NUNEZ SEDENO quien le vendió provisiones a CORTES, Gaspar DE VILLAROEL, SAN MARTIN, GALDAMES y GARCIA MEJIAS.

Todos los anteriores eran residentes en La Habana, no la del sitio de la presente ciudad, sinó en la que se fundó en la costa del sur. Pero también hubo hombres de otras villas y ciudades que fueron con CORTES.

De Trinidad fueron: Jorge DE ALVARADO, Gonzalo DE ALVARADO, Gomez DE ALVARADO, Juan DE ALVARADO - los cuales eran hermanos, Juan DE ESCALANTE, Pedro SANCHEZ FARFAN, Gaspar SANCHEZ, Francisco VERDUGO, alcaide y cuñado de VELAZQUEZ; Gonzalo MEJIA,BAENA, Juanes DE FUENTERRABIA, ORTIZ, músico?; Diego DE PINEDA o PINEDO, Alonso RODRIGUEZ,Bartolomé GARCIA, dos de apellido LARES.

De Santiago de Cuba: Juan DE GRIJALVA, Alonso DE AVILA, y Pedro DE ALVARADO, hermano de los de Trinidad. Los anteriores.todos tenían encomiendas en la Isla.

Otros residentes de Cuba en aquella epoca: 1517-Francisco HERNANDEZ DE CORDOBA, Antón DE ALAMINOS, natural de Palos; Bernaldino IÑIGUEZ, natural de Santo Domingo de la Calzada, soldado; 1518-Juan DE QUITERIA, soldado quien murió en una batalla contra indios; Cristobal DE OLID, capitán;Bartolomé PARDO, soldado; 1519-Andrés DE DUERO, secretario de VELAZQUEZ, contador; Amador DE LARES, Francisco DE MORLA, ESCOBAR, capitán?;HEREDIA, Juan RUANO; Pedro ESCUDERO, Martín RAMOS DE LARES, Juan MILLAN, Pedro DE LA VEGA, Bartolomé DEL OLMEDO, franciscano; CAMACHO, piloto; Gines NORTES, Bartolomé DE USAGRE, artillero; Vasco PORCALLO, Agustín BERMUDEZ, Antonio VELAZQUEZ BORREGO y Bernardino VELAZQUEZ ó VAZQUEZ DE TAPIA?-los 4 parientes de VELAZQUEZ;MESA o MEZZA, artillero; ARBENGA,artillero;Juan CATALAN, artillero; Francisco DE OROZCO, Juan BENITEZ, Pedro DE GUZMAN, Martín RAMOS, vasco; Juan SEDEÑO (otro), Juan ALVAREZ, piloto, el manquillo; .Francisco DE LUGO, Diego DE GODOY, notario; GARNICA, mensajero de VELAZQUEZ; Antonio DE VILLARROEL, BERRIO, Alonso YANEZ y Alvaro LOPEZ, carpinteros; Juan DIAZ,clérigo; Luis DE ZARAGOZA y Andrés DE TAPIA. Todos los anteriores también fueron con CORTES.

Capítulo III
SIGLO XVI

1520

Trinidad

24 de enero de 1520 - Baltasar DE MENDOZA, alcalde ordinario; Xoan (Juan) DE VALLECILLO, vecino de Santiago de Cuba; Xoan DE MEDINA, alcalde; Xoan BERNAL, Cristóbal DE PALACIOS, encargado (1).

1532

Oriente

Vecinos que no habían cumplido con la órdenes de que los casados llevaran a sus mujeres de Castilla a Cuba. Manuel DE ROJAS, Andrés RUANO, Johan DE MADRONA, Pedro DE JEREZ, almojarife; Johan PERES, Hernando ALONSO, carpintero; Maese PEDRO, cirujano; Ryuz BAEZ, Johan DE HARO, Hernando DE SEGOVIA, Johan ESCRIBANO, Alonso JIMENES, Andrés GARCIA, arriero y Rodrigo ROMERO.

1534

En el documento "Informaciones hechas por el gobernador de la isla Fernandina, Manuel DE ROJAS, sobre el estado de dicha isla" hay una lista de algunos de los vecinos de Sancti Spíritus y Trinidad.

Sancti Spíritus

Vasco PORCALLO, vecino desde hace 12 años, tenía un hijo y dos hijas naturales; Juan DE RIBERA, vecino de 20 años o más, casado con mujer de Castilla con dos hijos; Alonso SANCHEZ DEL CORRAL, alcalde, vecino desde hace 18 años, casado con mujer de Castilla con un hijo; Jorge VELAZQUEZ, procurador, vecino desde hace 16 años, casado con mujer de la tierra hija de español y se le murió el hijo; Pedro LOPEZ MARROQUIN o MARROQUI, alcalde, vecino desde hace 18 años, casado con mujer de Castilla con un hijo; Alonso DE CEPEDA, vecino desde hace 19 años, había estado casado con mujer de la tierra y tenía una hija casada y un hijo niño; Francisco CEBORRO, Regidor, vecino desde hace · 14 años, casado con mujer de Castilla con tres hijos; Juan RODRIGUEZ DE

CORDOBA, vecino desde hace 20 años, había casado con mujer de la tierra y tenía hija casada y dos hijos bastardos; Sebastián DE LA FUENTE, vecino desde hace 20 años y casado con mujer de la tierra y una hija casada y Alonso DE OVIEDO, regidor, vecino desde have 3 años, casado con mujer de la tierra hija de español con una hijita legítima y otra bastarda (2).

Trinidad

16 de marzo de 1534 - Guillermo DE BOJOS, "dijo que quedaban seis vecinos casados y cinco más"; Pedro MORENO, Juan DE NAJARA, ambos testigos del anterior y estantes en Trinidad. Además, comparecieron Juan DESPINOSA, declaró ser vecino desde hace 18 o 19 años, casado con tres hijos; Pedro CARMONA, vecino desde hace 12 años, casado con mujer de Castilla y dos hijas doncellas; Rodrigo SANCHEZ, vecino desde hace 2 años y soltero; Alonso LOPEZ DE AYALA, vecino desde que se pobló, soltero, tenía ocho indios en Matanzas con Hernán VELAZQUEZ y estaba viejo y pobre; Diego DE BAEZA, Miguel DE ARNANI o DARNANI o HERNANI, vecino desde hace 15 años, casado con mujer de la tierra; Guillermo DE BUESOS (puede ser este el mismo que Guillermo DE BOJOS al principio de ésta relación), tenía 60 años, vecino desde hace 2 años, soltero; Alonso DE REYNA, vecino desde hace 7 años, sin casar pero con una hija; y Miguel DE REYNA (3).

30 de marzo de 1534 - Además, de los anteriores, en un testimonio del cabildo aparecen Fray Juan DE ZARATE, Gonzalo DE REYNA y Gonzalo GUTIERREZ (4).

<u>1537</u>

Santiago de Cuba

Visitación de los indios de Cuba por Gonzalo GUZMAN, 10 de marzo de 1537 (5).
Vda.de Andrés RUANO - 1 estanciero, 7 indios encomendados, 6 indios esclavos, 2 negros esclavos.
Juan CARMANES - 2 indios encomendados, 11 negro esclavos.
Juan? DEL CASTILLO - 3 negros, 2 negras y un esclavos, 3 indios esclavos.
Juan BARBA - 9 negros y 3 negras esclavos, 2 indios esclavos.

Francisco DE AGUERO - 10 negros, 6 negras, 3 indias
                esclavas, una mulata.
Cristóbal DE TORRES - 8? negros, 4 negras.
Lope el femio; Bartolomé JIMENES, estanquero - 7
                negros, 3 negras, una mulata, un es-
                clavo (no de la isla), ? indios de
                la isla.
Mateo ESTERMINO? - 4 negros, 6 negras.
Fernando ALONSO, Geronimo ? - un negro, una negra.
Juan DE GRANADILLES? - ? negros, 2 negras, 2 negri-
                llos, un indio y una india
                de la tierra firme.
Lope ? y Leonor DE MEDINA, su mujer - 3 indios, 3
                mujeres, 7 negros, 2 indias y 2
                muchachos.
Bernardino DE ? - 2 indios-Inocente? y Tamayo, 2
                muchachos, 2 mujeres, 3 indios de
                la isla.
? ? - 11 negros, 6 negras, 2 negrillos, ? indias de
                la isla, un? indio de la tierra.
Tomas DE SAN TOME - 7 negros.

1545

Sancti Spiritus

Pedro GARCIA, Cura de la iglesia de guano con 18
vecinos, todos casados, y 50 indios esclavos (6).

La Habana

Cura y un sacristán en la iglesia de guano. Además,
40 vecinos, casados y por casar, 120 indios y 200
esclavos indios y negros (7).

1550

La Habana

La siguiente lista fué tomada de las Actas
Capitulares de La Habana de este año puesto que no
existe relación ninguna de los vecinos que tomaron
parte en las elecciones de cabildo del 1 de enero.
Dr.Gonzalo PEREZ DE ANGULO, Gobernador; Juan DE
YNISTROSA, teniente de gobernador; Juan DE ROJAS,
regidor; Pedro BLASCO, regidor; Pedro VELAZQUEZ,
regidor; Antonio DE LA TORRE, regidor; Diego DE
SOTO, regidor; Francisco GUTIERREZ, regidor; Francisco PEREZ DE BORROTO, escribano público; Antonio
SUAZO, alguacil; Pedro SANCHEZ, procurador; Flores

ZAMORA, Juan SANCHEZ, Juan DE OLIVER, platero; Juan DE BAZAN, Luís DE PINEDA, alguacil mayor; Diego DE CORDOVA, Alonso DE AGUILAR, mayordomo de la obra de la iglesia; Constantín MARTEL, Francisco DE LEDESMA, cura y vicario de la villa; Alonso CASTAÑO, Francisco MARTIN, Catalina DE GUZMAN, negra horra; Juan DE CURA, Antón HERNANDEZ, pregonero público. (8)

1552

La Habana

Constancia de los vecinos que tomaron parte en las elecciones de alcaldes y regidores el 1 de enero. (9) Juan DE ROJAS, Juan DE LOBERA, Antonio DE LA TORRE, Nicolás NIZARDO, Domingo GARCIA, Francisco DE ROJAS, Alonso DE ROJAS, Diego DE CORDOVA, Ambrosio HERNANDEZ, el lombardero Pero ANDRES, Francisco GUTIERREZ, Machín DE ONDIZ, Juan FERNANDEZ DE ZAMORA, Juan DIAZ, Francisco PEREZ DE BORROTO, Francisco DE YEBENES, Juan GUTIERREZ, Alonso HERNANDEZ, Bernardo NIETO, Pero VELAZQUEZ, Calixto CALDERON, el licenciado ALMENDARIZ, Pero BLASCO y Diego DE SOTO.

1555

La Habana

Relación de los vecinos y moradores que residen en esta villa el día 10 de julio (1555), al ser atacada por los franceses; Gobernador Gonzalo PEREZ DE ANGULO al Rey y al Consejo de Indias, 20 de diciembre de 1555 (10).

Vecinos

Juan DE ROJAS, regidor, "parese de setenta años para arriba"; Pero VELAZQUEZ, "de la misma edad"; Pero BLASCO, regidor, "casi de la misma edad"; Antonyo DE LA TORRE, regidor, "parece de hedad de unos sesenta e cinco años"; Alonso DE LA REINA, "de hedad de sesenta años"; Baltasar DE AVILA, "hombre enfermo, parece por su aspecto de sesenta e cinco años"; Francisco MARTIN "viejo decrepito, confiesa ser de hedad de noventa años"; Alonso LOPEZ, "vegisimo, que confiesa tener mas edad que este otro, Francisco MARTIN" (o sea, mas de noventa años); Bernardo NIETO, "hombre enfermo e al parecer de hedad de cincuenta años", alcaide; Juan DE LOVERA, regidor; Juan DE INYSTROSA o YNESTROSA en el original, alcalde; Juan GUTIERREZ, alcalde; Calixto CALDERON, alguacil mayor; Diego DE SOTO; Alonso DE ROJAS; Antón RECIO; Ambrosio HERNANDEZ; Bartolomé CEPERO; Juan NUÑEZ; Sebastián BIANO; Francisco DE ROJAS; Juan DIAZ, albañil; Bartoloméé BAZAGO; Tomás DACA; Maestre Juan, carpintero; Domingo ALONSO; Gonzalo RODRIGUEZ; Francisco DE AGUILERA; Antón ALONSO; Martín RUIZ; Cristóbal GALINDO; Francisco PEREZ DE BORROTO; Rodrigo MARTIN; Pero ANDRES; Diego DE CORDOVA; Diego DE TALAVERA, sastre; y Francisco GINOVES.

Moradores

Carlo FLORENTIN, mercader; Andrián FLAMENCO; Pedro DE ZUBIERRA; Machín DE SAGARTIGUI; Juan DE OLIVER, mercader; Esteban SANCHEZ, carpintero; Fernando ALONSO; Francisco FLAMENCO, pregonero; Juan FLAMENCO, criado del gobernador; Juan MARTIN; Domingo, calafate; CARRILLO, clérigo; y Nycolao, carpintero.

Los que murieron a manos de los franceses fueron: Alonso LOPEZ, Juan NUÑEZ, Sebastián BIANO, Juan DIAZ, Tomás DACA, Maestre Juan, carpintero; Gonzalo RODRIGUEZ, Francisco DE AGUILERA, Antón ALONSO, Cristóbal GALINDO, Diego DE CORDOVA y todos los moradores antes mencionados menos Juan DE OLIVER. Además murió Bernaldo NIETO de muerte natural.

En el 20 de diciembre de dicho año, fecha de la "Relación", los vecinos y moradores eran los mismos antes mencionados menos los difuntos y con dos vecinos y cuatro moradores agregados. Estos eran: Vecinos - Antonio DE ZORITA y Francisco MEJIA; Moradores - Orejón, criado de Juan DE ROJAS, Juan MONTAÑES, criado de Juan DE ROJAS y su estanciero, Luís HERNANDEZ, criado de Pero VELAZQUEZ, quien reside en su estancia en Matanzas (138 años antes de su fundación), y Pablo FLAMENCO.

1562

Trinidad

Petición de una delegación de indios al gobernador hecha en La Habana el día 11 de mayo de 1562 y firmada por los siguientes indios naturales de Trinidad: Luís DE LA ·CERDA, Alvaro HURTADO, Diego GUILLEN y Martín CARMONA.

La lista que sigue expone los nombres de varios de
los indios que vivían en Guanabacoa y comerciaban
en casabe o yuca. Alonso DE AGUILAR, alguacil; Ro-
drigo GONZALEZ, Martín MARQUES, Juan GABRIEL, Cris-
tóbal DE ROJAS,Gonzalo SANCHEZ, Bartolomé ALGUACIL,
Juan PORTUGUES, Bartolomé FRANCISCO, Pedro MENDOZA,
Bartolomé SANCHEZ, Diego LUGONES, Palomino SIMON,
Antón MARQUINA, Francisco CEPERO, Pedro VELAZQUEZ,
Antón FLORENCIO, Juan CEPERO, Juan SANCHEZ, Juan
MARTIN PANGO, Alonso GUTIERREZ, Ribero GUTIERREZ,
Martín GUTIERREZ, TRUJILLO, Esteban. (11)

1566

La Habana

Elecciones del Cabildo para regidores - 1 de enero
(12)Alonso DE ROJAS, procurador; Diego LOPEZ DURAN,
contador; Antón RECIO, Alonso SANCHEZ DEL CORRAL,
Francisco DAVALOS o DE AVALOS, Diego DE SOTO, Bar-
tolomé CEPERO, Juan PEREZ DE ARTEAGA, Francisco RA-
MIREZ, Diego DE MIRANDA, Melchor RODRIGUEZ, Antonio
ZUAZO, Ambrosio HERNANDEZ, Juan DE LLERENA, Miguel
DE ALQUIZAR, Domingo ALONSO, Francisco DE ZAMORA,
Gaspar PEREZ DE BORROTO, Cristóbal VELAZQUEZ, Pero
ANDRES, Pedro LOPEZ, Pedro CASTILLA, Cristóbal SAN-
CHEZ, Alonso SUAREZ DE TOLEDO, Francisco ZAPATA,
Sebastián LOPEZ,Juan MARTIN,Juan? GONZALEZ BENAVEN-
TE,Juan RAMIREZ,Antonio DE LA TORRE,regidor; Juan
DE YNESTROSA, tesorero; Francisco PEREZ DE BORROTO.

Matanzas

Mercedes otorgadas por diversos cabildos cubanos.
Melchor RODRIGUEZ - Hanabana
Antón RECIO - Sabanas de Bibanasí
  "   "   - Sabanilla de la Palma (13)

El sistema de mercedes de tierras comenzó en el año
1536 (aunque algunas aparecen antes). Los cabildos
obtuvieron el derecho y deber de distribuir las
tierras realengas a los vecinos que las pedían.
Los cabildos podían hacer las mercedes sin tener
que recibir confirmación del rey. Dichos sistema
duró hasta el 1729. Existían tres tipos de mercedes: 1) hatos-para ganado vacuno, caballos y mulas,
2) corrales-para la cria de cerdos y 3) estancias-
para la cultivación.

1567

La Habana

Elecciones del Cabildo para regidores - 1 de enero
(14)Diego LOPEZ DURAN, contador; Francisco DAVALOS,
Antón RECIO, Ambrosio HERNANDEZ, Bartolomé CEPERO,
Vasco DE ROJAS, Francisco RAMIREZ, Gerónimo DE AVE-
LLANEDA, Gómez DE ROJAS, no es casado;Juan PEREZ DE
ARTEAGA, Gaspar PEREZ,Antón ZUAZO,Silvestre MARTIN,
Miguel DE ALQUIZAR, Francisco ZAMORA,Diego DE SOTO,
Amaro GOMEZ, Antón LANZA, Juan RAMIREZ, Alonso
SANCHEZ DEL CORRAL, Juan DE LLERENA, Luís ó Luisa
HERNANDEZ, Domingo ALONSO, Maestre BAUTISTA, Pero
CASTILLA, Alonso SUAREZ, Francisco ORTIZ, Bartolomé
DE MORALES, Antonio DE LA TORRE, Juan DE YNESTROSA,
tesorero;Alonso DE ROJAS,Francisco PEREZ DE BORROTO

1568

La Habana

Elecciones del Cabildo para regidores - 1 de enero
(15)Melchior RODRIGUEZ,Martin SABIDO, Juan RAMIREZ,
Juan RECIO, Gaspar PEREZ, Pero CASTILLA, Francisco
DE ZAMORA, Francisco PEREZ DE BORROTO, Sebastián
LOPEZ, Domingo LORENZO, Bartolomé DE MORALES,
Alonso SUAREZ DE TOLEDO, Alonso VELAZQUEZ DE
CUELLAR, Juan GUTIERREZ MARIBARDO, Diego DE SOTO,
Alonso DE ROJAS, Francisco DAVALOS, Ambrosio HER-
NANDEZ, Juan MARTIN.

1569

La Habana

Elecciones del Cabildo para regidores - 1 de enero
Diego DE SOTO, alcalde; Bartolomé CEPERO, alcalde,
Francisco DE AVALOS, Alonso DE ROJAS, Antón RECIO,
Alonso SUAREZ, Domingo DE PAVIA, Alfonso LORENZO,
Pedro LOPEZ DE SOSA, Amaro GOMEZ, Diego DE MIRANDA,
Juan MARTIN, Francisco DE ZAMORA, Bartolomé BASAGO,
Juan PASCUAL, el mozo; Juan PEREZ DE ARTEAGA, Juan
DE YNESTROSA, Antonio DE LA TORRE (16).

Mercedes otorgadas por diversos cabildos cubanos.
Gregorio ACEVEDO - La Pita;Gerónimo BAZA - Quivicán
Juan PASCUAL - Guanabo Alto; Julián HERNANDEZ-
Banes; Diego LOPEZ DURAN - Jiquiabo (17)

Pinar del Río

Mercedes otorgadas por diversos cabildos cubanos.
Pedro MENENDEZ DE AVILES - Sabanas Nuevas
Pedro PEREZ SOSA - Consolación
Cristóbal SANCHEZ - Bayate (18)

Matanzas

Mercedes otorgadas por diversos cabildos cubanos.
Antón RECIO - Camarioca
Dionisio LORENZO - Limones Chicos (19)

1570

La Habana

Elecciones del Cabildo para regidores - 1 de enero
Juan DE YNESTROSA, Diego LOPEZ DURAN,Diego DE SOTO,
Alonso DE ROJAS, Francisco DAVALOS, Antón RECIO,
Juan PEREZ DE ARTEAGA, Bartolomé CEPERO, Francisco
PEREZ DE BORROTO (20).

1571

La Habana

Elecciones del Cabildo para regidores - 1 de enero
Diego LOPEZ DURAN, Baltazar DE BARREDA,Antón RECIO,
Rodrigo CARREÑO, Francisco PEREZ DE BORROTO, Juan
DE YNESTROSA, estaba enfermo y murió a los pocos
días; Alonso VELAZQUEZ DE CUELLAR, Alonso SUAREZ DE
TOLEDO, Martín SABIDO, Alonso DE ROJAS, Francisco
DAVALOS, Pedro MENENDEZ MARQUEZ, gobernador; Lcdo.
Diego DE CABRERA, teniente; Bartolomé CEPERO (21).

Las Villas

Mercedes otorgadas por diversos cabildos cubanos.
Ambrosio HERRERA - Candelaria, San Blás (22)

1572

La Habana

Elecciones del Cabildo para regidores - 1 de enero
Lcdo.Diego de CABRERA,teniente general; Diego LOPEZ
DURAN, Baltasar BARREDA, Antón RECIO, Rodrigo
CARREÑO, Francisco PEREZ DE BORROTO, Francisco
DAVALOS, Juan GUTIERREZ MARIBARDO (23).

1573

La Habana

Elecciones del cabildo para regidores - 1 de enero
(24)Diego LOPEZ DURAN,Baltasar DE BARREDA, capitán;
Antón RECIO, Rodrigo CARRENO, Juan BAUTISTA DE
ROJAS, tesorero; Francisco PEREZ DE BORROTO, Barto-
lomé CEPERO, Manuel DIAZ, Alonso DE ROJAS, Alonso
VELAZQUEZ DE CUELLAR,Sancho PARDO OSORIO,gobernador

Mercedes otorgadas por diversos cabildos cubanos.
Juan Alonso SAAVEDRA - Turibacoa
Sebastián DE HEVIA, platero - Yamaraguas
Alonso VIVES SAAVEDRA - Haiguan
Francisco ZAMORA - Javaco
Amaro GOMEZ - Ybacoa (25)

Pinar del Río

Mercedes otorgadas por diversos cabildos cubanos.
Francisco NUNEZ - Cayajabos
Gerónimo ROJAS DE AVELLANEDA - Maní Maní
Gerónimo RODRIGUEZ - Cabanas
Francisco ZAMORA - Jabaco (26)

1574

La Habana

Elecciones del Cabildo para procurador, 1 de enero
Alonso VELAZQUEZ DE CUELLAR, Diego LOPEZ DURAN,
Baltasar BARREDA, capitán; Antón RECIO, Rodrigo DE
CARRENO, Diego DE SOTO, Manuel DIAZ, Bartolomé
CEPERO, Francisco DAVALOS, Francisco CALONA, Hernan
MANRIQUE DE ROJAS, Lorenzo MARTIN, Juan RAMIREZ,
Martin RECIO, Mateo SANCHEZ, Juan RECIO, Pedro
CASTILLA, Esteban MANRIQUE GUTIERREZ,Antonio ZUAZO,
Gerónimo VACA, Pedro DE MESA, Alfonso LORENZO,
Francisco GINOVES, ? RODRIGUEZ, Lcdo.PELAEZ, Juan
VICENTE, Alonso CATALAN, Juan DE CONSUEGRA, Sebas-
tián LOPEZ, Juan Bautista DE ROJAS, Sancho PARDO
OSORIO, gobernador (27).

Pinar del Río

Mercedes ortorgadas por diversos cabildos cubanos.
Juan GUTIERREZ MANIBARDO - Dayaniguas
Cristóbal SANCHEZ - Sabanalamar (28)

1577

Pinar del Río

Mercedes otorgadas por diversos cabildos cubanos.
Gaspar DE ROJAS - Las Cruces de Abajo
Francisco DE ABALOS - Cruces de Abalos
Cristóbal SANCHEZ - La Llanada (29)

1578

La Habana

Lista compuesta de las Actas Capitulares que indicaban la vecindad. Antón RECIO, Melchor RORDIGUEZ, Francisco MERCHAN, Francisco NICOLAS, Francisco MARTINEZ, Juan DIAZ ALDEANO, el mozo; Baltasar HERNANDEZ, Francisco DE CALONA, Juan DE CONSUEGRA, Francisco PEREZ DE BORROTO, Gaspar PEREZ DE BORROTO, Juan Bautista DE BORROTO, Francisco DE ROJAS, Hernando DE ORELLANA, Juan DE VERA, Bartolomé DE MORALES, Alonso DE ARANDA, Diego ALBITES, Cristóbal DE SOTO y Gomez DE ROJAS MANRIQUE. Además los indios: Juan ALONSO, Juan VAZQUEZ, Diego GUTIERREZ, Gaspar LOPEZ y Juan DE ROJAS. También los negros horros: Carlos DE PAEZ y Andrés CORREA. (30)

Mercedes otorgadas por diversos cabildos cubanos.
Pedro HERNANDEZ - Bauta o Hoyo Colorado
Juan GUTIERREZ MANIBARDO - Corralillo del Ojo del
              Agua
Baltasar ROJAS - Río Hondo
Antonio DIAZ - Jagüeyes (31)

Pinar del Río

Mercedes otorgadas por diversos cabildos cubanos.
Juan GUILLEN - Guaniguanico o Hato Viejo
Rodrigo CARRENO - Pavia Alonso
Francisco DE ROJAS - Río Feo
Hernando SALAZAR, moreno libre - Cuzco
Juan NARVAEZ - Sabanilla de Cortés (32)

Matanzas

Mercedes otorgadas por diversos cabildos cubanos.
Bernardo RODRIGUEZ - San Antón de la Anegada
Alonso VELAZQUEZ DE CUELLAR - Guareiras, El Mulato
Antonio DIAZ - Jagüeyes (33)

15

La Habana y Guanabacoa

"Relación y memoria de los vecinos,estantes y solteros que residen en esta villa y en el lugar de
Guanabacoa para que vuestra majestad conforme a la
copia de ellos y a los que son de servicio y pueden
continuarlo como vuestra majestad lo desea..." (34)
Gerónimo DE ROJAS AVELLANEDA, maestre de campo;
Juan RECIO, Alonso VELAZQUEZ DE CUELLAR, capitán a
caballo, Francisco DE AVALOS,capitán de infantería;
Bartolomé CEPERO,alférez de caballo; Diego DE SOTO,
80 años; Hernán MANRIQUE DE ROJAS, Alonso DE ROJAS,
Francisco PEREZ DE BORROTO, escribano del cabildo y
público; Juan Bautista DE ROJAS, tesorero; Manuel
DIAZ, portugués, contador; Bartolomé DE MORALES,
regidor; Rodrigo CARREÑO, regidor; Baltasar DEL
CASTILLO,regidor en La Habana y teniente en Bayamo;
Antón RECIO, Martín RECIO, Francisco DE ROJAS,
Gaspar PEREZ DE BORROTO, escribano público y de re-
gistros; Martín CALVO DE LA PUERTA, Francisco DE
CALONA, Gerónimo VACA RENGIFO, Alonso SUAREZ DE
TOLEDO, Melchior RODRIGUEZ, Diego DE CABRERA, Juan
DE CABRERA, Gabriel CALVILLO,Lcdo.Francisco PELAEZ,
Juan RAMIREZ, Juan DE CONSUEGRA, Francisco JIMENEZ,
alférez; Pedro RUBIO, Pedro CASTILLA, Juan MEJIA,
Sebastián HERNANDEZ, portugués; Melchior CASAS, es-
cribano Real; Manuel PEREZ, portugués;Gerónimo MAR-
TINEZ, Francisco LOPEZ DE CABRERA,Diego DE HERRERA,
Diego DE MIRANDA, Hernán PEREZ DEL CASTILLO, Juan
DIAZ ALDEANO, Ambrosio HERNANDEZ, portugués; Mateo
SANCHEZ, Cristóbal SANCHEZ, Juan GUTIERREZ MANIBAR-
DO, Diego DE LARA.

"Los contenidos arriba son los vecinos particulares
de que se puede echar mano y tener de ellos la con-
fianza que se espera los siguientes son hijos y
deudos de los arriba contenidos/mozos solteros."

Jorge MANRIQUE, sargento mayor; Francisco MANRIQUE,
Juan Bautista DE BORROTO, Baltasar DE ESCALANTE,
Gonzalo VACA RENGIFO, Baltasar DE ROJAS, Juan DE
ROJAS, Francisco DE AVALOS, alférez; Francisco
CASTILLA, Alonso CASTILLA, Gaspar HERNANDEZ, Pero
GUTIERREZ, Juan DE SOTO, Juan DE LA LAMA.

"Los vecinos que viven de su trabajo." (siguen)
Cristóbal LOPEZ, herrero; Pedro SERRANO, sastre;
Francisco ORTIZ, mestizo; Marcos DE CARMONA,zapate-

ro; Sebastián MARTIN, boyero; Francisco NUNEZ, portugués; Juan NARVAEZ, carpintero; Luis MARTIN, sastre; Juan Bautista DE VILLARROEL, alguacil;Francis-
co TEJEDA, alguacil de la iglesia; Diego RODRIGUEZ,
platero; Baltasar HERNANDEZ, portugués, carpintero;
Alvaro HERNANDEZ, portugués, carpintero; Gerónimo
DE LA CRUZ, carpintero; Josepe RODRIGUES, zapatero;
Miguel PEREZ, carpintero;Julián HERNANDEZ,pescador;
Alfonso LORENZO, portugués;Bartolomé HERNANDEZ,por-
tugués, boyero; Domingo DE QUEJO, mulato, herrero;
Juan FERNANDEZ, portugués, carpintero;Juan GALLEGO,
portugués, pescador; Francisco HERNANDEZ SANTAREN,
portugués; Francisco MARTIN, boyero; Estevan GUTIE-
RREZ, albañil; Diego PEREZ, pescador; Juan GALLEGO,
mestizo, carpintero; Francisco DE SANTA MARIA, mestizo, carpintero; Pedro VINALES, calafate; Sebastián LOPEZ, hombre del campo; Juan DE MIRANDA, hombre del campo; Pero SANCHEZ, calafate;Alonso VIBAS
DE SAAVEDRA, Luis BOTO, portugués; Jines DE ORTA
YUSTE, aguador; Bartolomé YUSTE, aguador; Gerónimo
DE CARRION, platero; Hernán RODRIGUEZ TAVARES, Gre-
gorio LOPEZ, portugués, albañil; Antón MARTIN DE
VALDEPENAS, herrero; Nicolás DE ACOSTA, hombre del
campo; Alonso DE ARANDA, boyero; Baltasar DE VIERA,
portugués, pescador; Pero GOMEZ, sastre; Bartolomé
DE HORTIGOSA, mestizo, hombre del campo; Martín
ALONSO, estanciero; Gaspar DE LA FUENTE, francés;
Antonio DE SALAZAR, hombre del campo;Antón SERRANO,
Sebastián DE HEVIA, platero; Francisco NICOLAO,
mestizo, hombre del campo; Hernando DIAZ, sastre;
Alonso PEREZ, zapatero; Domingos PEREYRA,portugués;
Rafael NICOLAO, mestizo; Antonio CORZO, zapatero;
Domingo DE MIZA, marinero; Antonio PEREZ, portugués
y boyero; Bartolomé LOPEZ, mestizo, hombre del
campo; Esteban JORGE, carpintero; Francisco DE CAR-
BAJAL, albañil; Juan GOMEZ DE OVIEDO, hombre del
campo; Alonso DIAZ, marinero; Alonso MARTINEZ, hombre del campo; Martín HERNANDEZ DE SEGURA, maestro
de escuela; Francisco GINOVES, marinero.

Los siguientes son hijos de los de arriba:

Juan ALVITEZ, pescador; Marcos DE CARMONA, zapatero; Pedro DE ZAMORA, pescador; Pedro MARQUEZ,
mestizo; Diego DE ROJAS, mestizo;Francisco RAMIREZ,
Juan DE PORRAS, pescador; Alonso MOLINA, Francisco
DE GONGORA, mestizo, carpintero; Baltasar ALONSO,
mestizo, hombre del campo; Ginés RUBIO, Pero LOPEZ,
mestizo, carpintero; Juan DE QUESADA, estanciero;
Melchior DE LOS REYES, hombre del campo; Juan

SANCHEZ GUILLEM, Juan Bautista PINZON, pescador; Pedro MARTEL, mestizo; Cosme DE SOLIS, mestizo; Pedro ANDRES, mestizo; Juan DE TALAVERA, mestizo, criado del tesorero; Sebastián DE SUAZO, mestizo; Juan SANCHEZ, hombre del campo; Francisco DE YEVENES, mestizo, carpintero; Cristóbal RAMIREZ, mestizo; Juan DE ALQUIZAR, mestizo, hombre del campo; Alonso MARTIN AVALOS, mestizo; Juan MENDEZ, mestizo, zapatero; Juan DE LIZAO, mestizo, sastre; Cristóbal DORIA, mestizo, pescador.

"...los siguientes son estantes en la tierra sin casa, ni mujer, ni hacienda, ni padres, ni madres, personas sin prendas en esta villa."

Antonio DEL FINO, Luis DE CARTAGENA, Luis GOMEZ, Luis DELGADO, sastre; Diego DE LARA, flamenco; Alonso MARTIN, Amador HERNANDEZ, portugués, tapiador; Gomez HERNANDEZ, mestizo; Juan GONZALEZ, herrero; Esteban DE MATAMOROS, portugués; Francisco DIAZ, boyero; Pedro DEL CAMPO, sastre; Pedro FLAMENCO, sastre; Pedro DE MOLINA, mestizo; Lázaro DE ORBE, Pedro VIZCAYNO, carpintero; Sebastián GONZALEZ, portugués; Pero HERNANDEZ, Alonso SUAREZ DE EVIA; Hernando ORTIZ, zapatero; Pero GOMEZ, Lope HERNANDEZ, Juan ALONSO TOLESANO, carpintero; Vicente CRESPO, carpintero; Bartolomé DE LEON, mercader; Gonzalo DE ESTRADA, mercader; Diego DE PRADO, Francisco LOPEZ, mercader; Diego DE LUNA, alguacil mayor y mercader; Diego HERNANDEZ DE LUNA, mercader; Bartolomé RODRIGUEZ, Juan LOPEZ, Luis HERNANDEZ, Juan GUTIERREZ, Andrés HERNANDEZ, Luis DE HERRERA, calafate; Luis NAVARRO, Juan DE VILLADIEGO, mulato, sastre; Alonso VAZQUEZ, mulato; Francisco GARCIA, calafate; Juanes DE LICA, herrero; Felipe DE LA CRUZ, Pero SANCHEZ, Martin GONZALEZ, Hernando DE OREJON, Guillermo ADRIAN, herrero; Hernando DE VILCHEZ, Tesorero; Pero LOPEZ, Juan DE CARDENAS, barbero.

"Los negros horros que hay en esta villa son los siguientes."

Hernando DE SALAZAR, moreno, capitán de los negros; Alonso RODRIGUEZ, buzo; Julián DE LATORRE, Diego DE ROJAS, Diego HERNANDEZ, Juan GUTIERREZ, Gaspar DE LOS REYES, Francisco MERCHAN, Andrés CORREA, Gonzalo DE ROJAS, Salvador VELAZQUEZ, Antón DE LA TORRE, Cristóbal CALDERON, Hernán LOPEZ, Julián HERNANDEZ, Gaspar LOPEZ, Pedro SUAREZ, Juan PORTUGUES, Pedro

ALONSO, Pedro MARTIN, Bartolomé NUNEZ, Antón PEREZ, Hernando VILLALOBOS, biáfara; Francisco BIAFARA, Alonso DE AGUILAR, mulato.

"Y los indios que viven en esta villa son los siguientes."

Juan DE ROJAS, Francisco TABLARES, Alonso MARTIN, Juan ALONSO, Luis VELAZQUEZ, Juan CASTILLO, Pedro ACEVEDO, Juan RODRIGUEZ, Juan DIAZ, Andrés SANCHEZ, Pedro BANDERAS, Gregorio BANDERAS, Alonso MARTIN, Bartolomé COMBAS, Gaspar (hermano de Bartolomé COMBAS?), Domingo TORIBIO, Alonso MARTIN, Francisco BAZAN, Francisco MARTIN, Alonso MEXICANO, Domingo SANCHEZ, Diego DE SOTO, Juan DE SOTO, Francisco DE SOTO, Juan VELAZQUEZ, Pablo, su hermano; Francisco MARTIN, Miguel, hijo de CASTILLO; Juan PIACHE, Gaspar LOPEZ, Juan MARTIN, Domingo MARTIN, Cristóbal, Alonso DIAZ, Lúcas ALVAREZ, Hernando DE SOTO, Juan SANTIAGO, Juan GARRIDO, Juan MARTEL.

Guanabacoa

Espanoles — FRAGOSO con tres hijos, Francisco GARCIA RONDON, Hernando DE BARBOSA, Juan GALLEGO, Jusepe DE TORRES, Lope GARCIA, Blás HERNANDEZ, Andrés JIMENES.

Indios — Diego MARTIN, capitán de los indios; Juan MATEO, Pedro NIETO, Antón MARTIN, Pedro BAZAN, Alonso BAZAN, Lúcas MENDEZ, Lázaro LOPEZ, Alonso VELAZQUEZ, Francisco TABLARES, Juan SANCHEZ, Juan GUILLEN, Antón DE ROJAS, Jusepe VELAZQUEZ, Juan GRAVIEL (sic), Diego DE ROJAS, Tomé RODRIGUEZ, Gaspar RODRIGUEZ, Francisco MARTIN, Cristóbal DE AGUILAR, Pero VELAZQUEZ, Mateo TABLARES, Francisco MARTIN, Diego POLO, Pedro VELAZQUEZ, Domingo MANDALES, Juan MARTEL, Lúcas DE ROJAS, Juan GUTIE-RRES, Diego LOPEZ, Lúcas DE SANDOVAL, Juan CARMONA, Felipe MARTIN, Miguel VELAZQUEZ, Juan MARTIN, Luís COSTILLA, Francisco PEREZ, Martín MARQUEZ, Rodrigo MARTIN, Gaspar MARQUEZ, Andrés GONZALEZ, Cristóbal GARCIA, Juan GOMEZ, Jorge MARTIN, Diego QUILLEN.

1586

La Habana

Lista de la compania de infantería del Capitán Alonso VELAZQUEZ DE CUELLAR. Hojeando las Actas

19

Capitulares de La Habana se puede dar uno cuenta que la mayoría de los miembros de las milicias habaneras también estaban involucrados en la vida secular de la ciudad. (35)

Martín CALVO, alférez; Martín FERNANDEZ DE SEGURA, sargento; Francisco DE ROJAS, Hernando DE ORELLANA, Juan Bautista DE BORROTO, Cristóbal DE SOTO, Alonso DE ROJAS, Alonso CATALAN, Diego RODRIGUEZ, Esteban GUTIERREZ, Alvaro HERNANDEZ, Luís MARTIN, Amador GONZALEZ, Juan MARTINEZ, Pero SANCHEZ, calafate; Benito ANTUNEZ, Juan DE PORRAS, Bartolomé DE HORTI-GOSA, Bartolomé DE MORALES o DE MOLINA,Juan ALONSO, calafate; Francisco ORTIZ, Juan RUIZ RODRIGUEZ,Blás HERNANDEZ, Andrés DE VENAVENTE o BENAVENTE, Diego DE PRADO, Diego MARTIN, Andrés RODRIGUEZ, Francisco DIAZ, Juan ROQUE, Gaspar HERNANDEZ, Francisco DE POYO VALLEJO, Alvaro GRAMAJO, Cristóbal DIAZ, Antono CORZO, Antón CORREA, Pero RODRIGUEZ, Pero ASTURIANO, Pero VIZCAYNO, Diego LOPEZ, Pero GARCIA, Francisco RAMIREZ, Diego DE LARA, Juan GALLEGO, Juan DE ALQUIZAR, Juan DIAZ ALDEANO, Gabriel CALVI-LLO, Gaspar DE AVILA, Antón SANCHEZ, Fabián DE LA CONCEPCION, Melchor DE LOS REYES, Mateo GONZALEZ, Diego MARCEL, Alonso, mexicano natural; Lázaro DARVE, Hernando BARBOSA, Diego PEREZ,Martín ALONSO, Francisco LOPEZ, Diego DE QUEJO, Juan GALLEGO, Lope GARCIA, Antonio DE ALVARADO, Andrés GONZALEZ,Gonza-lo JUAREZ, Francisco HERNANDEZ, de Santaren (sic); Guillermo COSTANTIN, Francisco SALGADO,Diego LOPEZ, Francisco CORTES, Luis CARLOS, Alonso RAMON, Diego DE ROJAS, Bartolomé HERNANDEZ, Baltasar ALONSO, Juan FERNANDEZ, Jusepe o Jose RODRIGUEZ, Guillermo DE LA CRUZ, Juan DE MIRANDA, Juan PEREZ DE BORROTO, Julián HERNANDEZ, Juan ALONSO DURAN, Antono DE SOLIS, Diego HERNANDEZ, Antonio PEREZ, Francisco DE ARGÜELLO, Juan SUAREZ, Gonzalo VACA,Pedro FLAMENCO, Diego DE MESA, Agustín DE HERRERA; Francisco GONZA-LEZ, Luis HERNANDEZ, Marcos DE CARMONA, Juan POLO, Antón PEREZ, Pero OCHOA DE SALAZAR, Baltasar CASAS, Juan DE QUESADA, Pablo DE OLIVER, Mateo HERNANDEZ, Alonso LOPEZ, Sebastián MARTIN, Alonso MARTIN, Pero RAMIREZ, Juan Francisco DEL RIO, Francisco HERNAN-DEZ DE CORDOVA, Cristóbal DE GUEVARA.

Lista de la compañía de infantería del Capitán Francisco DE AVALOS.

Francisco DE AVALOS, alférez; Gaspar MENDEZ,sargen-to; Pero DE VALBUENA, Francisco MANRIQUE, Luís DE GALVEZ, Francisco DE BAEZA, Diego HERNANDEZ DE LUNA, Antono DE SALAZAR, Rodrigo ZUERO, Francisco

LOPEZ, Juan FERNANDEZ DE VARREDA, Baltasar DE
ROJAS, Alvaro GONZALEZ, Sebastián DE ARAGON, Diego
DE LA FUENTE, Manuel HERNANDEZ, Pero MENDEZ, Fran-
cisco MARTI TARAZONA, Francisco SANCHEZ, Juan MON-
TANO, Francisco DE SANTAMARIA, Nicolás ACOSTA,
Francisco DE CASTILLA, Cristóbal RAMIREZ, Gaspar
HERNANDEZ, Bartolomé LOPEZ, Diego GUILLEN, Luis DE
HERRERA, calafate; Diego DE ALMEYDA, Diego ALVITEZ,
Bartolomé RODRIGUEZ, Juan ALONSO, Pero LOPEZ, Juan
FERNANDEZ DE YBANEZ (sic), Pero ANDRES, Pero MUNOZ,
Gaspar PEREZ, natural; Esteban JORGE, Andrés CAMA-
CHO, Alonso GIL, Juan DE PASTRANA, Juan DEL CASTI-
LLO, Marcos GONZALEZ, Pero MARTEL, Blás GARCIA,
Simón DURANTE, Lúcas MENDEZ, Juan GUTIERREZ DE
ARAUJO, Sebastián ZUAZO, Nicolás DE LA ROSA, Alonso
SANCHEZ, Juan LOPEZ, Francisco HERNANDEZ, Sebastián
DE HEBIA, Jorge HERNANDEZ, Miguel DE ACOSTA, Diego
HERNANDEZ, Francisco RODRIGUEZ, Juan HARTO, Fran-
cisco DELGADO, Diego NUNEZ, Lúcas ALVAREZ, Juan
GARCIA, Baltasar PEREZ, Pero TIRADO, Bartolomé
MARTIN, Manuel DE LIMON, Cosme DE SOLIS, Pasqual
GUTIERREZ, Juan MARTIN DE ROJAS, Juan MENDEZ, Juan
RODRIGUEZ, asturiano; Luis DE VARGAS, Gonzalo RODRI-
GUEZ, Bartolomé CORDOVI, Baltasar VIERA, Juan Bau-
tista DE VILLARROEL, Bartolomé FRAGOSO, Francisco
DE CARVAJAL, Gregorio LOPEZ, Alonso GARCIA, Pero
OROZCO, Juan DE LA CRUZ, Francisco PEREZ, Hernando
DE VILCHES, Martín DOMINGUEZ, Diego GONZALEZ, Diego
HERNANDEZ, Manuel PEREZ, Juan PEREZ GARCIA, Pero DE
LA MORA, Juan DE LA TALAVERA, Juan RODRIGUEZ, Luis
HERNANDEZ, Pedro NUNEZ, Domingo DE ARTIAGA, Juan
NAVARRO, Juan DE LATORRE, Pedro DE MONTIEL, Guiller-
mo VACA RENGIFO, Diego DE LARA, Jinés DE ORTA YUSTE,
Mateos FERRER, Diego ROMAN, Juan DE LA GAMA, Luis
DE AVALOS, Juan ORTIZ, catalán; Pedro DE LA FUENTE,
Martín GONZALEZ, Salvador JUAREZ, Andrés MARTIN,
Francisco NICOLAO, Antonio PEREZ, Baltasar BRAVO,
Francisco RODRIGUEZ, Juan DE LA PENA, Antón DIAZ,
Sebastián PEREZ, Alonso HERNANDEZ, Francisco DE
CASTRO, Andrés HERNANDEZ, Alonso LOPEZ CORREA,
Diego DE LUNA, Guillermo DE ACOSTA, Juan LUIS,
Baltasar DUARTE, Cristóbal PINTO, Juan MARQUEZ,
Juan Alonso SAAVEDRA, Blás RODRIGUEZ, Juan GALLEGO,
el viejo; Diego HERNANDEZ, Manuel TEJEDA.

Lista de la compañía de caballería del Capitán
Bartolomé CEPERO. Antón RECIO, alférez; Mateo
SANCHEZ, Juan RECIO, Diego OCHOA DE LA VEGA, Fran-
cisco JIMENEZ, Juan SANCHEZ por Gaspar PEREZ BORRO-
TO, Cristóbal DE SOTO, Cristóbal CORREA por Melchor

CASAS, Sebastián HERNANDEZ, Cristóbal SANCHEZ, Antono DOLFINO, Diego DE HERRERA, Juan DE CABRERA, Diego DE CABRERA, Pedro RUBIO, Alonso DE ROJAS, Diego DE SOTO, Diego DE MIRANDA, Alonso SUAREZ DE TOLEDO, Manuel DIAZ.

1587

Pinar del Río

Mercedes otorgadas por diversos cabildos cubanos.
Juan Alonso BAZAN - San Juan
Juan BORROTO - Las Pozas
Francisco MARTIN - Francisco
Sebastián DE HEVIA - Río del Medio
Andrés HERNANDEZ - Ceja de Ana de Luna (36)

1593

Las Villas

Mercedes otorgadas por diversos cabildos cubanos.
Juan B. MELENDEZ - Cuchara
Bartolomé LOPEZ - Güeiba
Andrés DE SOTO - Banao (37)

Camagüey

Mercedes otorgadas por diversos cabildos cubanos.
Maria JIMENEZ DE QUINTERO - Marroquin
Antonio CARRASCO - San Antonio de la Palma o Ciego
                    de Avila
Alonso SUAREZ DE FIGUEROA - Vegas de Mabuya (38)

1595

Relación de los esclavos forcados que quedaron de la galera San Agustín de la Havana (sic), 28 de febrero de 1595. (39)

Visecio DE LA PEROJA - hijo de Andrea
Cristóbal FRANCO - de Almería
Amado HERNANDEZ - de Uliestes
Custodio RODRIGUEZ - de Plasencia
Gerónimo DE ARELLANO - natural de Córdova
Alosno DEL CAMPO - de Plasencia
Guillén CARTE - de Aragón
Juan PILA - tudesco o alemán
Juan RODRIGUEZ - de Salanca
Estevan RODRIGUEZ - de Villa Amor

Alonso GOMEZ - de Villanueva
Juan SANCHEZ - de Alcala del Río
Antón PRINCIPE - hijo de Juan PRINCIPE
Juan ANDRES - de Moreda
Jusepe OLIVER - de Helche
Juan DE LA SERNA - de México
Francisco JIMENES - de México
Gabriel GUERRERO - de Terer
Pablos CASTELLON - de Jerez
Juan DE ARROYO - de México
Juan DE TAPIA - de México
Andrés DE MORALES - de México
Juan LOPEZ BALDO VINOS (sic)
Pedro SOLACHE - de México
Marcos PERDOMO - de Canarias
Juan DE GUILLON - francés
Francisco MACHADO - zapatero
Pedro MARTIN BENJUMEA
Alonso MARQUEZ - de Moron
Francisco GALLARDO - de Huelva
Hernán GONZALEZ DE LA HIGUERA
Andrés RODRIGUES - indio
Francisco HERNANDEZ - de Ayamonte
Fabián DE SOTO - de Garachico
Juan GARCIA - del Aljarafe
Gerónimo MARCOS - mulato
Miguel ZAMORANO
Juan QUINTERO - de Moguer
Juan NUNEZ - natural de México
Francisco RODRIGUEZ - de Sayas
Antonio DEL CASTILLO HERRERO
Lorenzo MARTIN - mestizo
Alonso JIMENEZ - de Sorita
Juan OCHOA DE URIBARRI
Juan DE TORRES TEJEDA
Antonio LORENZO - marinero
Diego SUAREZ - de Búrgos
Pero LOPEZ - de Perona
Juan DE CASTRO - gallego
Francisco GUZIANO - gitano
Alonso DE SALAS - de Porquna
Juan FERNANDEZ - de México
Juan GARCIA - de Córdova
Juan MARTIN - de Aste
Francisco RODRIGUEZ - de San Agustín
Alberto DE VILLANUEVA
Francisco ALVARADO - gitano
Alonso HERNANDEZ - de Marchena
Pedro DE CADIZ - natural de Andújar
Pedro FERNANDEZ - portugués

Bernal GAZET?
Domingo PIQUEYRA
Mateo DE LA CRUZ - de México
Miguel DE ORTEGA - de México
Francisco RUIZ DE LUNA
Juan DE DUENAS - natural de Murcia
Gonzalo DE VARGAS - de Jodar
Francisco DE SOLIS
Francisco DE CISNEROS - de México
Juan BRIXAS ó BRIJAS - francés
Melchior PEREZ - de ciudad Rodrigo
Alonso MONJE
Gonzalo RODRIGUEZ - de Bayona
Juan DE TOBAR - de México
Domingo JERONIMO - de Génova
Juan DIAZ - portugués de Lagos
Juan GOMES - moharrate (sic)
Alonso MARTIN - de Caja
Juan MARTIN - ortelano
Alonso LOPEZ - de Oaxaca
Juan DE MEDINA - natural de Badajoz
Juan DE ALCALA - mulato
Sebastián VAZQUEZ - de México
Gregorio DE RIBEROS
Juan MORENO - gitano
Francisco FLOREZ - natural de Sevilla
Vicente BOSQUE - labrador
Antoмo PEREZ - de COYNBRA (sic)
Jorge GRIEGO - natural de Milo
Juan DE ARBOLANCHA
Francisco GONSALES - de México
Juan DE SANTIAGO
Lázaro LOPEZ DE AGUILAR
Baltasar GUERRERO
Pedro SANCHEZ - de Alcántara
Pedro GRANADOS - de Baeza

Buenas boyas
Miguel ESTEBAN - de Llerín
Juan GARCIA - de Salamanca
Francisco DE OJEDA - del Arahal
Pedro GARCIA PATON
Francisco HERNANDEZ DE CISNEROS
Asencio RUIZ - de Luzena (sic)
Juan FERNANDEZ - de Oviedo

Esclavos
Vicente Batista pintado
Ysayn de Metejeli
Ramadan de negro Ponte

Atia de Telez
Alicarali de Drahaman
Hamete de Tunez
Hamete de Meliana
Almanzor de Marruecos
Lorenzo Lanis - morisco
Mami de negro Ponte
Ysufe de Anadolia
Mostafa de Rodas
Ata Vies de Escandaria
Ramadan muladin
Brahen de Aglipoli
Ysmael de Vila
Alonso Gallego - morisco
Sebastián de Melo
Rejefe de Anadolia
Yzayn de Anadolia
Ali de Anadolia
Cassimo de Fez
Hamete de Costantina
Amar negro de Fez
Yzayn de Marruecos
Hassan de Jejuan
Masmi alias Antono renegado - portugués
Hamete de Fez
Hamu de Mostagani
Mami de Rodas
Ali de Arjel
Albequerin de Zela?
Osman de Arjel
Hamete de Fez
Hamete Mendaz
Hazan de Alcasar
Ali de Miquinas
Beli de Anadolia
Hamon de Selen
Peri Bosne
Ali de Mostagan
Dargute del Mar Negro
Brahen de Anadolia
Antono Negro de Lisboa

1598

Pinar del Río

Mercedes otorgadas por diversos cabildos cubanos.

Juan DE ROJAS - Herradura
M. OSEGUEDA, pbro. - Los Ocujes (40)

La Habana

Lista de los nombres de los vecinos quienes dieron
sus opiniones al escribano del cabildo: Pedro DE
ACOSTA, Juan DE AGUILAR, Diego ALVAREZ, Juan BALEN-
CIA,   Juan Bautista DE BORROTO, Melchior CASAS,
Sebastián DE CUEBAS,   Hernando DE ESPINAS, Jorge
FERNANDEZ, Sebastián FERNANDEZ PACHECO, Rui FERNAN-
DEZ,   Juan GARCIA,   Sebastián GARCIA, carpintero;
Alonso DE GUIDO, Alvaro HERNANDEZ, Diego HERNANDEZ
DE LUNA, Francisco HERNANDEZ, Gaspar HERNANDEZ,
Julián HERNANDEZ, Luís DE HERRERA, Diego LOPEZ,
Diego LOPEZ MOREJON,Domingo LOPEZ, Francisco LOPEZ,
piloto; Jacomé DE LUGO, Antón MARTIN, Lcdo. Pedro
MARTIN, Sebastián MARTIN, Antonio DE MATOS, Enrique
MENDEZ DE LORONA, Martín DE MORALES, Silvestre
MORTA, alguacil; Francisco MUNIZ, Pedro MUNOZ, Ro-
drigo DE NARVAEZ, Francisco NICOLAS, Juan DE ONATE,
Xinés DE ORTA YUSTE, Rafael PEREZ DE ACOSTA, Juan
RAMALLO, Antón RECIO, Diego DE LA REYNA, Gaspar DE
LOS REYES, Andrés RODRIGUEZ, Hernando RODRIGUEZ
TAVARES, Rodriguez SANCHEZ, Juan DE LA ROSA, Juan
DE SALAMANCA, Sebastián SALGADO y Juan SOLIS MANI-
BARDO. (41)

Notas del Capítulo III

(1) Informativo de Lucas VAZQUEZ DE AYLLON, oidor
    de la Audiencia de Santo Domingo, 24 de enero
    de 1520 en Colección de documentos inéditos re-
    lativos al descubrimiento,conquista y coloniza-
    zación de las antiguas posesiones españolas de
    América y Oceanía. Madrid, 1864, t.35, p55 y s.
(2) "Información de Manuel DE ROJAS", Archivo Na-
    cional de Cuba. Academia de la Historia. Legajo
    24, número 33. Igual en Archivo General de In-
    dias (AGI), Patronato, Legajo 177, Ramo 18, nú-
    mero 1.
(3) véase la nota (2).
(4) Testimonio en el cabildo de Trinidad,30 de mar-
    zo del 1534.
(5) AGI, Santo Domingo, Legajo 77,números 97 y 98.
(6) Visitación del Obispo Fray Diego SARMIENTO en
    el año 1545 hecha por orden de Felipe II.
(7) véase la nota (6).
(8) Actas Capitulares de La Habana del año 1550.
(9) Actas Capitulares de La Habana del año 1552.

(10)"Relación de los vecinos y moradores que residen en esta villa el día 10 de julio (1555), al ser atacada por los franceses." Gobernador Gonzalo PEREZ DE ANGULO al Rey, 20 de diciembre de 1555. AGI, Patronato, Legajo 177, número 2, ramo 23.

(11)AGI, Contaduría, Legajo 1174.

(12)ROIG DE LEUCHSENRING, Emilio. Actas Capitulares del Ayuntamiento de La Habana, Tomo II.1566 al 1574. Municipio de La Habana, 1939.

(13)BERNARDO y ESTRADA, Rodrigo de. Prontuario de mercedes, o sea, índice por order alfabético de las mercedes concedidas por el excmo. ayuntamiento de La Habana. La Habana, 1857. También, ROJAS, María Teresa de. Indice y Extractos del Archivo de Protocolos de La Habana. 4 tomos. Imp.Ucar,Garcia y Cia., La Habana 1947-1957.

(14)(15)(16) véase la nota (12).

(17)(18)(19) véase la nota (13).

(20)(21) véase la nota (12).

(22) véase la nota (13).

(23)(24) véase la nota (12).

(25)(26) véase la nota (13).

(27) véase la nota (12).

(28)(29) véase la nota (13).

(30)Actas Capitulares de La Habana del año 1578.

(31)(32)(33) véase la nota (13).

(34)LLAVERIAS, Joaquin. Papeles Existentes en el Archivo General de Indias relativos a Cuba y muy particularmente a La Habana, Tomo II, 1578 al 1586. Academia de la Historia de Cuba. volumen VIII, Imp.El Siglo XX, La Habana, 1931. También, AGI, Santo Domingo, Legajo 99.

(35)AGI, Santo Domingo, Legajo 99, Ramo 4, número 133.

(36)(37)(37)(38) véase la nota (13).

(39)AGI, Santo Domingo, Legajo 99, número 277.

(40)véase la nota (13).

(41)Actas Capitulares de La Habana del año 1599.

1602

La Habana

Relación de los hacendados azucareros que recibieron un préstamo de la Corona para mejoras de sus ingenios (42).

Hacendados	Ingenios
Antonio DE RIBERA	Ntra.Sra. del Rosario
Juan MALDONADO, el mozo	San Diego
Hernán MANRIQUE DE ROJAS	trapiche-Santa Cruz
Diego OCHOA DE LA VEGA y Ana DE ARCINIEGA (1)	Sta.Maria de la Palma
Pedro SUAREZ DE GAMBOA y Catalina DE ROJAS (2)	trapiche
Antonio MATOS DE GAMA y Inés DE SALAZAR	no fué nombrado
Martín CALVO DE LA PUERTA y Beatriz PEREZ	Santiago
Melchor DE CASAS	Los Tres Reales
Ginés DE ORTA y Catalina DIAZ (3)	Ntra.Sra. del Rosario
Sebastián FERNANDEZ PACHECO/ Ana ZAVALA (4)	San Sebastián
Pedro DE OÑATE y Maria MARTIN	trapi.- La Candelaria
Benito RODRIGUEZ Y Catalina DE CESPEDES	trapiche-San Miguel
Hernán RODRIGUEZ DE ROJAS	trapiche
Baltasar DE ROJAS e Isabel DEL VALLE (5)	San Juan
Silvestre MORTA é Isabel MAESTRA	trapiche-San Miguel
Hernando DE ESPINAR y	trapiche-San Antonio
Lucas DE ROJAS	trapiche-Santa Cruz

Nombre de los fiadores sin distinción a quienes fiaron. En varios casos uno fió a más de un hacendado. Gonzalo BACA, Juan DE LA TORRE, Jorge MANRIQUE, Juan RECIO, Diego DE REINA, Pedro DE CARVAJAL, Gonzalo MEJIA, Maria DE PACHECO,mujer del anterior; Cristóbal DE SOTO, Alonso CARRION,Antonio DE MOLINA,(+ antes de 1610), Juan MORDAZA, Francisco LOPEZ PIEDRA,Pablo PEDROSA, Antón MARTIN DE VALDEPENAS, (+ antes de 1610), Diego VELAZQUEZ DEL CASTILLO, Juan Bautista DE BARROTO.(sic), Antonio FERNANDEZ FARIAS, Juan DIAZ ALDEANO, Cristóbal DE

SOTO, Luis DE CESPEDES, Pedro ARTES, Bartolomé DE LANUEZ, Juan DE ROJAS, Francisco GUTIERREZ NAVARRETE, (+ antes de 1610), Sebastián DELGADO, Gaspar DE ROJAS.

(1) En 1610 los dueños eran Pedro GIL y su mujer por muerte de OCHOA.
(2) En 1610 el dueño era Hernán RODRIGUEZ PEREIRA por muerte de SUAREZ.
(3) En 1610, Catalina DIAZ viuda de DE ORTA, era dueña junto con su nuevo esposo Martin GARCIA DE PAREDES.
(4) En 1610, Ana ZAVALA viuda de FERNANDEZ PACHECO, era la dueña.
(5) En 1610, era dueño Pedro DE SALAZAR por muerte de DE ROJAS.

1603

La Habana

Petición de varios vecinos de La Habana al Rey para obtener unos préstamos parecidos a los que se habian otorgados en 1602.

Miguel SANCHEZ, Domingo DE VIERA,Juan DEL CASTILLO, Juan GOMEZ DE ROJAS, Juan DE MORDAZON, Sebastián SALGADO, Juan DE LA TORRE, Domingo DE VIERA, Jose RODRIGUEZ, Martín DOMINGUEZ, Jerónimo MARTINEZ, Gaspar GONZALEZ, Gaspar DE RIOJA, Manuel BAEZ, Juan DE ROJAS.

1604

Santiago de Cuba

Hatos de Gran Tamaño: Blas DIAZ - 2 familiares y 2 esclavos; Alcalde CHINCHILLA - 5 otros (sin definir) y un esclavo; Manuel FRANCISCO - un esclavo; Diego GUZMAN - 3 familiares; Pedro VELA - un familiar, 3 otros y un esclavo.

Padrón de la gente de Santiago de Cuba hecho (en el) año 1604 (43).

Vecino y su mujer	Total de familiares	Total de esclavos
Francisco DE ABREU	7	6
Juan DE ACOSTA/Juana MUNOZ	6	-
Manuel AFONSO/Constancia PEREZ	3	4

Vecino y su mujer	Total de familiares	Total de esclavos
Pedro ALVAREZ DE CASTRO/ Isabel CENTENO	2	2
Maria BARBA	5	1
Catalina BERDEJO	6	13
? BERNAL/Inés COLLAZO	4	-
Andrea BERNAL	3	6
Fr.Juan DE LAS CABEZAS ALTAMIRANO	7	4
Francisco CALDERA/Elvira SANCHEZ	4	7
Lazaro CASTANO/Ana GERONIMO	8	-
Alfonso CERON/Florentina	3	1
Maria DE LA CRUZ (viuda)	6	7
Leonor CUELLO	6	-
Andres DE CHINCHILLA, alcalde	2	4
Antón DARCE/Inés HERNANDEZ	5	-
Diego DAVILA/Agueda CHINCHILLA	4	1
Domingo DIAZ/Catalina GONZALEZ	3	1
Gerónimo DIAZ/Catalina ALVAREZ	8	-
Vicente DIAZ	4	1
Fernando DE ESPINOSA/Maria CARRILLO	6	10
Andrés DE ESTRADA/Isabel DE LUYANDO	7	12
Pedro DE ESTUPINAN/Gragoria MACHADA	7	7
Diego FERNANDEZ/ ?	5	-
Gaspar FERNANDEZ/Juana FLOR	4	1
Juan FERNANDEZ/Ana ORTIZ	12	12
Pedro FERNANDEZ/Maria RODRIGUEZ	4	2
Pbro.Pedro DE FIGUEROA	2	2
Maria FRANCIA	7	-
Diego GARCIA/Francisca DE HINOJOSA	5	1
Florián DE GONGORA/Maria SANCHEZ	5	-
Pbro.Juan DE GONGORA	4	1
Pedro DE HINOJOSA/Inés GARCIA	11	-
Francisco JOANCHO	3	1
Esperanza DE LAGOS	4	2
Beatriz DE LARA	4	-
Alonso LOPEZ DE MEDINA/ Maria CALVILLO	3	6
Gabriel LOPEZ VIZCARDO	6	6
Domingo LOPEZ	4	4
Andrés LORENZO, alcalde/Ana GARCIA	3	5
Francisco LUIS/Beatriz DIAZ	7	-
Roque LUIS/Maria DE ACOSTA	4	2
Blas MACHADO/Beatriz DE ANDRADA	3	11
Francisco MACHADO/Leonor DE MORALES	6	4
Pedro MANUEL	11	1
Alfonso MARTIN/Ana GARCIA	9	1
? MELGAREJO	5	-
Simón MERINO/Catalina BAEZ	3	3
Rodrigo DE NORONA	2	1

Vecino y su mujer	Total de familiares	Total de esclavos
Miguel OLIVARES/Isabel MUÑOZ	2	1
Sebastián ORTEGA	1	-
Francisco OSORIO DE MERCADO/ Juana DE HINOJOSA	4	9
Juan PAEZ/Isabel DE HINOJOSA	5	4
Pedro PATIÑO	4	1
Pbro.Francisco PUEBLA	1	3
Francisco QUINTERO/Gerónima	7	-
Silvestre RAMOS	8	3
Alonso RODRIGUEZ/Maria MACHADA	2	5
Francisco RODRIGUEZ, alcalde de la Santa Hermandad/Catalina DE CASTRO	4	4
Francisco RODRIGUEZ/Leonor RAMIREZ	6	3
Pedro ROMERO TAMARIZ, capitan	3	2
Diego SANCHEZ	4	-
Luis SANCHEZ/Luisa DE OCHOA	2	8
Gabriel SANTIESTEBAN/Beatriz DUERO	4	-
María TOVAR, viuda	3	9
Manuel VENTURA, alguacil mayor/ Blasa DE ACOSTA	5	7
Pbro.VIAMONTE	2	2
Vicencio VISODONO/Leonor DE PALACIO	6	-
Domingo XIMENEZ/Brigida MARQUEZ	2	2
Francisca XIMENEZ	2	2
Juan ZAMORA/Juana GARCIA	3	6
Marcos RODRIGUEZ, alcalde de los indios/Juana DE LEON	2	-

1607

La Habana

Relación de portugueses residentes en la Habana hecha por Pedro DE VALDES (44).
Antonio DE MATOS, natural de la isla de Madera, maestro de azúcar, casado con natural (india) por más de 12 años y con casa propia; Sebastián FERNAN-DEZ PACHECO, muy antiguo en esta isla, mujer natural con hijos y la mayor hacienda de esta ciudad; Melchor RODRIGUEZ, piloto de las galeras de este puerto, casado con portuguesa, asistencia más de 10 años (véan las listas de los cabildos habaneros); Hernán RODRIGUEZ TAVARES, casado con una mulata con hijos, yernos e ingenio de azúcar; Enrique MENDEZ DE NOROÑA, mercader con casa y tiendas propias, casado con española, lleva 6 años aquí y tiene ingenio de azúcar; Benito RODRIGUEZ, que habrá 14

años vino casado de las Islas Canarias, tiene un hijo casado con natural en esta ciudad y tiene ingenio; Pedro LIBRERO, encuadernador de libros, lleva 4 años en la ciudad, soltero;Maria RODRIGUEZ, tía? del anterior; Simón FERNANDEZ LEYTON, lleva 4 años en esta ciudad, casado con natural hace un año y tiene tienda de mercader; apellidos de otros portugueses: ACUNA, AFONSO, ALMEYDA, CASTRO, CORREA, DIEZ, DUARTE, FERNANDEZ, FRANCISCO, GONZALEZ, GOREA, LOPEZ, LEYTON, MANUEL, MATOS, PACHECO, PEREZ, RAMALLO, RODRIGUEZ, ROLON, SALGADO, TAVARES, VAEZ, VIERA.

<u>1609</u>

Santiago de Cuba

Cabildo abierto el 20 de abril de 1609 (45).

Pedro ROMERO DE TAMARIZ, teniente de gobernador; Manuel FRANCISCO, alcalde; Alonso DE LIZANO, alcalde; Manuel VENTURA DE SOSA, alcalde mayor; Andres DE CHINCHILLA, Simón DE MERINO, Lorenzo GUTIERREZ, Juan RODRIGUEZ MERINO, Antón GARCIA, forastero.

<u>1618</u>

Santiago de Cuba

Lista de vecinos que aparecen como fiadores a Joan DE EGUILUZ, asentista de las Minas del Prado (46).

Francisco DE AVILES, Juan DE ARIZABALETA, Constanza DEL CALVO, Domingo DE ANAYA, Nicolás BENITO, Cristóbal DE CASTILLA, Diego DE CALONA, Nicolás DE CARRENO, Cristóbal CHIRINOS, Juan DE CHIRINOS, Hernando DIAZ, Julián ESTRADA, Alonso FERNANDEZ, capitán; Francisco FERNANDEZ POVEDA, Juan FERNANDEZ DE HERRERA, Domingo GALBAN, capitán; Francisco GARCIA LUGO, Juan GARCIA ZALAMEA, Antonio DE GUEVARA, Antonio DE GUZMAN, Jácome JUSTINIANI, capitán; Pedro LOPEZ DE GUEVARA, Francisco LOPEZ DE PIEDRA, Juan DE MEDINA, Juan DE MOLINA, Manuel DE MORALES, Pedro OCHOA, Juan PARDO, Juan PEREIRA, Luisa BORROTO, Francisco PEREZ, Luis PEREZ DE LUGO, Juana CARRENO, Pedro RECIO REDONDO y su mujer; Diego DE LA RIVERA, Juan DE ROJAS, Lucas DE ROJAS, Bernabé SANCHEZ, Pedro DE ULIBARRI y su mujer, sargento mayor; Toribio DE URSUA, Andres DE ORVEA, vecino de Bayamo; Tomás DE AQUINO, vecino de Sancti Spiritus.

1626

Santiago de Cuba

Cabildo de Santiago de Cuba abierto el 29 de marzo de 1626(47).Manuel DE ACEVEDO,Luis DE ACUNA,Rodrigo ALONSO, Martín DE ASPICUETA, Gerónimo DE AVILA, Rodrigo BAZAN, Diego BELTRAN, Alonso BERDEJO, José BERNAL, Gregorio DE LA BORDA, Jácome DE BRITO, Francisco CALVILLO, Diego CARRILLO, Miguel CASTELLANOS (el mozo), Bartolomé CERVANTEZ, Juan CISNEROS, contador; Lucas CISNEROS; Pedro CRESPO, Antonio DE CHAVES, Andrés CINCHILLA, tesorero; Francisco DIAZ, Gerónimo DIAZ, Gonzalo DIAZ,Francisco DIAZ BLANCO, Juan DIAZ DE LICEA, Andrés DIAZ DE MAROTO, procurador; Gonzalo DE ESCOBAR, Melchor DE ESCOBAR, Andrés ESTRADA (el viejo), Andrés ESTRADA, regidor; Juan DE ESTRADA, Juan FABRA, Bartolomé FERNANDEZ, Tomás FERNANDEZ, Juan DE FLORES, Nicolás de FLORES, Hipólito FROMISTA, Pedro DE FROMISTA, Juan DE FROMISTA, escribano; Diego GALAN, negro horro; José GARCIA, Guillermo HERNANDEZ, Pedro HERNANDEZ, Pedro HERNANDEZ AVILES, Pedro HERNANDEZ MELO, Juan HERRERA, Pedro DE HINOJOSA, Francisco LEONICIO, Francisco LOPEZ, Alonso LOPEZ DE MEDINA, regidor y depositario general; Fernando DE LLANES, Juan MANUEL, Juan MARQUEZ, sargento; Pedro MARTIN,cabo de escuadra; Juan MARTIN, Juan MELGAREJO, alférez; Antonio DE MOYA, chantre de la Catedral; Marcos DE NICOLAS, Francisco NIETO, Miguel DE OLIVA,Andrés DE OLIVERA, Francisco DE PARRAGA, Juan PIMIENTA, Juan Bautista PIMIENTA, Domingo PENDAZ, Hernando DEL PINO, Francisco PIÑAL, Juan Antonio PUNTILLA, Alonso RAMIREZ, Asencio RAMOS, Mateo REDONDO, Juan REPINON, Diego RODRIGUEZ, capitán; Francisco RODRIGUEZ, Miguel RODRIGUEZ, Juan RODRIGUEZ GALINDO, Pedro ROMERO TAMARIS, teniente general; Bartolomé SANCHEZ, Gabriel DE SANTIESTEBAN, protector de los naturales; Ambrosio DE SEVILLA GUERRERO, alcalde; Pedro TEJEDOR, Lucas DE ULLOQUI, Luis DE VARGAS MACHUCA, Alonso DE XARA, cabo de escuadra del presidio;Juan DE ZAMORA, capitán.

1636

Provincia y ciudad de La Habana

Mercedes de tierras solicitadas al cabildo de La Habana para la construcción de ingenios (48).
Juan DE ACUÑAS - 20 caballerías río arriba de La Chorrera.

Beatríz MUÑOZ - viuda de Gaspar DE ROJAS, licencia para fabricar ingenio en su estancia de la presa de La Chorrera.

Hernando PEREZ BARRETO - 20 caballerías río arriba de La Chorrera.

Blás DE PEDROSA, alférez - 12 caballerías río arriba de La Chorrera.

Cristóbal NUÑEZ DE CABRERA, sargento mayor - 20 caballerías río arriba de La Chorrera, lindando con el río y estancia de Santiago.

Tomás DE MORALES, licenciado - 20 caballerías lindando con el camino real de Batabanó y el Calabazal.

Tomás DE TORRES - 20 caballerías lindando con los corrales Calabazal y Cabeza de la Chorrera.

Juan DE VERGARA - 20 caballerías.

María DIAZ DE RIVADENEIRA, viuda de Luis GONZALEZ- 20 caballerías.

Lazaro FAÑEZ DE MINAYA sin especificar la cantidad.

1641

Provincia y ciudad de La Habana

Mercedes de tierras solicitadas al cabildo de La Habana para la construcción de ingenios (#49).

Agustín DE QUIROS - 14 caballerías para el ingenio que tiene en Jaimanitas.

Melchor CASAS - Los montes que lindan con su ingenio El Cuabal que esta entre Río de Piedras y Cojimar.

Fernando Phelipe DE TOVAR - 24 caballerías en Jaimanitas.

Juan LOPEZ DE AVILES, Pbro. - 8 caballerías en Jaimanitas.

1651

Provincia y ciudad de La Habana

Mercedes de tierras solicitadas al cabildo de La Habana para la construcción de ingenios (#50).

Juan DE PALMA, alférez - 20 caballerías.

Agustín VELAZQUEZ DE ROJAS, alcalde - 60 caballerías entre Arcos de Canasí y Jibacoa.

Hilario ESTRADA, alférez - 26 caballerías junto al río Guaríanao.

Blás PEDROSO - 20 caballerías en el río Guaríanao a censo de 25 pesos por caballería.

Juan PEREZ DE BORROTO - Permiso para fabricar un
            ingenio en su estancia de 4 caballe-
            rías.
Juan MALDONADO BARNUEVO y Juana MALDONADO, su her-
            mana - 30 caballerías en río Mayana-
            bo abajo.
Antonia RECIO, viuda de Sebastián CALVO DE LA PUER-
            TA - 30 caballerías en el río Guarí-
            anao.

1659

Provincia y ciudad de La Habana

Mercedes de tierras solicitadas al cabildo de La
Habana para la construcción de ingenios (51).
Melchor GONZALEZ DE LA TORRE, capitán - 25 caballe-
                                            rías.
Pedro VALDESPINO, capitán - Permiso para poder fa-
            bricar ingenio en las 20 caballe-
            rías que posee en Las Vegas, cami-
            no de Managuana.
Pedro VIQUE, capitán - 30 caballerías entre Calaba-
            zal, Cabeza de la Chorrera y El Beju-
            cal.
Jacinto DE CABRERA MONTALBAN, alférez - 30 caballe-
            rías en Los Arroyos.
Agustín DE POBEDA - 25 caballerías entre El Bejucal
            Cabeza de la Chorrera y Managuana.

1660

Provincia y ciudad de la Habana

Mercedes de tierras solicitadas al cabildo de La
Habana para la construcción de ingenios (52).
Josephe DIAZ GARCIANDO, escribano - Licencia para
            fabricar ingenio en sus tierras en el
            corral de La Chorrera.
Cristóbal DE SOTO - 30 caballerías entre los corra-
            les Cabeza de La Chorrera, Managuana y
            El Bejucal.
Pedro DE CARVAJAL - 50 caballerías en el arroyo del
            Acana.
Melchor ARIAS MARTINEZ, capitán - 50 caballerías en
            en el arroyo del Acana.
Luisa GUILISASTI, mujer de Ambrosio GATICA - 30 ca-
                                            ballerías.
Antonio Manuel DE ROJAS - 50 caballerías entre los
            corrales Guanabo y Xiquiabo.

35

Juan CHIRINOS, alférez - 30 caballerías.
Andrés DE MUNIBE, castellano de La Punta - 30 caballerías entre Guanabo y Xiquiabo.

1662/1663

Santiago de Cuba

Relación de vecinos de Santiago de Cuba que firma-
ron peticiónes al Rey y gobernador para que les
dieran protección de los piratas ingleses.
Carlos DE ALARCON, Juan ALVAREZ SALGADO, Francisco
ANDRES, Miguel DE BARTUSTE ORTEGA, Antonio CASTE-
LLANOS, Francisco DE CISNEROS,Salvador DE CISNEROS,
Mateo DUARTE, Manuel FERNANDEZ, Pedro FERNANDEZ DE
ESQUIVEL, Alonso FERNANDEZ TORMES,Cristóbal FROMIS-
TA MONTEJO, Mateo DE GUEBARA (sic), Bartolomé DE
HOROZCO, Francisco HOROZCO, Francisco DE IGARZA,
Lorenzo DE IZABURUAGA, Manuel MACHADO, Antonio
MAESTRE, Gerónimo NOBLE, Juan NUÑEZ, Pedro REAL,
Cristóbal SANCHEZ LASO, Francisco SUAREZ DE ALCAN-
TAR, Agustín VELAZQUEZ, Antonio ZERBELLON.

Bayamo

Mercedes otorgadas por diversos cabildos cubanos.
María LOPEZ DE MEJIA - Managuaco (53).

1664

Santiago de Cuba

Lista de los vecinos que ofrecen sus bienes y
esclavos para construir fortificaciones en Santiago
de Cuba, 2 de agosto de 1664.

Vecinos	Esclavos	Bueyes	Mulas
Bartolomé OROZCO, capt.	8	1	1
Miguel DE BARTUSTE ORTEGA, capitán	1	1	1
Luis LOPEZ DE HERRERA, capt. & Pedro RAMOS, prov. de la Santa Hermandad	6	1	2
Cristóbal DE FROMISTA MONTEJO, capitán	4	1	6
Sebastián DE LA COVA LUNA, alcalde ordinario	3	–	1
Agustín RAMOS, regidor	2	1	1
Juan DE CASTELLANO y hermano	2	1	1
Inés PEREZ,vda.-Juan ALVAREZ	4	1	2

Vecinos	Esclavos	Bueyes	Mulas
Juan PARDO, alférez	1	1	–
Blás TAMAYO, alférez y alcalde de la Santa Hermandad	1	1	–
Francisca DEL VALLE, vda.- Juan LOPEZ BARTUSTE	8	1	1
Alonso FERNANDEZ THAMES, alguacil del Santo Oficio	2	1	1
Isabel PEREZ	1	1	–
Francisco IZQUIERDO, capitán	1	–	–
Juan Luis SANCHEZ	2	–	1
Francisco ANDRES	1	–	1
Manuel FERNANDEZ	2	–	2
Pedro ALVAREZ DE CASTRO, regidor	2	–	1
Bartolomé MARTINEZ, capitán	2	–	1
Melchor DE LOS REYES BARRETO, capitán	4	–	4
Diego PENALVER, capitán	2	–	1
Leonor DE LENSON	1	–	1
Francisco SUAREZ DE ALCANTARA	1	–	1
Juan DE ZUMAREGO, capitán	1	–	1
Antonio SUAREZ, capitán	3	–	2
María RAMOS, vda.-del alférez FLORES	2	–	2
Pedro DEL REAL	1	–	1
Cristóbal SANCHEZ LASSO	2	–	–
Lorenzo DE GUISABURUAGA, alférez	2	–	–
Francisco RUBIO	1	–	–
Tomás DE ROZAS	1	–	–
Antonio VENTURA DE SOSA, capt.	1	–	–
Salvador DE MEDINA	1	–	–
Beatríz DE MOREIRA	1	–	–
Blás DE YUSA, alférez	1	–	–
Pedro CENTENO, alférez	1	–	–
Francisco DE IGARZA, alférez	1	–	–
Lorenzo PEREZ	1	–	–
Ursula FERNANDEZ	1	–	–
Antonio RABELO	1	–	–
María PARDAZA	1	–	–
Capitán SARTUCHA	1	–	–

Vecinos	Cargas de Cazabe
Pedro DE ESTRADA, alférez	40
Antonio DE CASTELLANOS	40
Bartolo MIL HOMBRES	40
Juan PEREZ	40
Sebastián GUERRERO	10
Dionis FERNANDEZ, capitán	10

Vecinos	Cargas de Cazabe
Pedro DE ARAGON	10
Manuel RUIZ	8
Gerónimo NOBLE	8
Juan DIAZ DE LA PEÑA	6
Diego FRANCO, capitán	6
Francisco REINA	6
Gaspar ALVAREZ	6
Cristóbal RODRIGUEZ	5
Antonio CERVELLON	5
Juan VAZQUEZ, capitán	5
Clemente MORELL	4
Domingo FERNANDEZ	4
María LUIS	4
Manuel FERNANDEZ	4
Manuel GONZALEZ REGUEYFERO, alférez	4
Manuel DE FUENTES	2
Alvaro DE LUYANDO, capitán	2
Esteban NIETO	2
Ana María DE ESPINOSA	2
María DE CINTRA	2
Gerónimo DE AVILA	2
Margarita DE LA ASCENSION	2
Severina SANCHEZ	2
Bartolomé DE LA CRUZ	2

Una carga de cazabe:

Francisco SUAREZ, sastre; Juan DE LUYANDO, Juana GARCIA, Manuel DIAZ, alférez; Salvador NAVARRO, Francisco DE HERRERA, capitán; Alonso DE MEDINA, Pedro DE FROMISTA, capitán; Francisco BRAVO, Andrés ESCUDERO, Pedro DE CINTRA, Manuel BECERRA, Fernando DE ESPINOSA, Juan DE CESAR, Francisco RIVERA, Mateo DE GUEVARA, Feliciana HERNANDEZ, Simón GONZALEZ, Vicente NUNEZ, Francisco BARBA, Juan GUTIERREZ, Tomás HERNANDEZ, Diego RAMIREZ, Juan DE AGUILAR, Juan GONZALEZ, negro.

Otras contribuciones:

Juan FERNANDEZ SALINERO, 12 fanegas de sal; María MAYO, 16 arrobas de carne; Pedro HERNANDEZ MORENO, 12 arrobas de carne; Gregorio DE CINTRA, 8 arrobas de carne; Juan MARTIN, 8 arrobas de carne; Hijos de Inés DE GUZMAN, 8 arrobas de carne; Juan DE BRITO, carpintero, su persona; Tomás BRAVO, 8 días de asistencia; Pedro DE ACOSTA, idem; Luis MARTIN, idem; Nicolás VALERO, idem; Juan DE OJOS, idem; Luis NUNEZ, idem; Felipe, oficial aserrador, idem; Luis DE ACUNA, calafate, idem; Sebastián FERNANDEZ, su fragua por 2 meses con el maestro;

familia de Pedro PINEDA, 24 días de asistencia; Felix DE ARAUJO, 12 días de asistencia; Antonio MENDEZ, idem; Manuel MENDEZ, idem; Cipriano DIAZ, idem; Antón BRAN; idem; Juan FRANCES y su hijo, 8 días de asistencia; Juan PEREZ, idem; Francisco DE HERRERA, idem; Diego LISANA, idem; hijos de TABANES, 4 días cada uno.

<u>Sobrestantes:</u>
Luis GONZALEZ, primer mes sin sueldo y el resto a 100 reales mensuales; Alonso DE SALINAS, idem; Francisco MARTIN, idem; Juan DE LLANES, idem.

<u>Vecinos de Jamaica</u>	<u>Contribuciones</u>		
Catalina DE FUENTES	2 esclavos, 2 cargas-cazabe		
Lorenza ISASI	2 esclavos por 6 meses		
Ana ESPINOSA	1 "	" 6	"
Luis DE ALMEIDA	1 "	" 2	"
Diego RODRIGUEZ DE VILLAFANA	1 "	" 2	"
Martín DE OCHOA	1 esclavo por un més		
Ana DE ARANCIBIA	1 esclavo por 15 días		
Ana LUIS	1 esclavo por 8 días		
Domingo AMARO, alférez	6 cargas de cazabe		
Francisco ARIAS	6 "	"	"
Juana MARIA	4 "	"	"
Matías GIRON, barbero	4 "	"	"
Lorenzo DE LA CUESTA	4 "	"	"
Francisco CONGO	4 "	"	"
Inés DE LEYVA	2 "	"	"
Catalina DE BARRIOS	2 "	"	"
Felipe PARDO	2 "	"	"
Carlos DE LOVAINA ALVARADO	2 "	"	"
Luis DE AGUIRRE	2 "	"	"
Juan DE LA RUA	2 "	"	"
Fernando DE CARVAJAL, alférez	2 "	"	"
Gregorio DE UTRA	2 "	"	"
Juan BEJARANO	1 carga de cazabe		
María DE VILLAFANA	1 "	"	"
Gregoria DE VILLAFANA	1 "	"	"
Leonor MENDEZ	1 "	"	"
Pedro JORGE	1 "	"	"
Isabel DE FRANCO	1 "	"	"
Juan GARCIA	1 "	"	"
Juan MARTIN	1 "	"	"
Luisa DE MEDINA y hermana	1 "	"	"
Julián LOPEZ	1 "	"	"
Juan DE VERA, viuda de	1 "	"	"
Clara DE VEGA	1 "	"	"
Antonio FEBO	1 "	"	"
Ignacio RAMOS	1 "	"	"

Vecinos de Jamaica			Contribuciones		
Francisco DE FERIA	1	"	"	"	
Damián DE SEGURA	1	"	"	"	
Francisco PEREZ	1	"	"	"	
José DE LAS SERAS	1	"	"	"	
Francisco ANDRES	1	"	"	"	
Tomás PEREZ	1	"	"	"	
Salvador de SALUS	1	"	"	"	
un siciliano	1	"	"	"	
Juan MARTIN	carpintero-8	días	de	trabajo	
Juan TOMAS	"	8	"	"	"
Juan MORENO	"	8	"	"	"
Francisco PEREZ	"	8	"	"	"
Manuel MARTIN,calafate	"	8	"	"	"
Bartolomé MEDINA	"	8	"	"	"
Francisco JERONICO	"	8	"	"	"
Cosme SEGURA	"	8	"	"	"
Miguel DE SIRIA	ofrece	su	persona	por 8	días
Francisco CANSINO	"	"	"	"	8 "
Diego VAZQUEZ	"	"	"	"	8 "
Pedro DE MEDINA	"	"	"	"	8 "
Juan DE SALAZAR	"	"	"	"	8 "
Francisco DE SALAZAR	"	"	"	"	8 "
Ambrosio DE MINGUEZ	"	"	"	"	8 "
Felipe RODRIGUEZ,herrero	"	"	"	"	4 "
Diego DE CASTRO	"	"	"	"	4 "

y ofrece su canoa por una semana.

Provincia y ciudad de La Habana

Mercedes de tierras solicitadas al cabildo de La Habana para la construcción de ingenios (54).
Juan DE SORARTE, capitán - Un pedazo de monte junto a su ingenio en la Sierra de Cojímar.
Antonio DE ALARCON, regidor - Un pedazo de monte para agregar a su ingenio en Cojímar.
Nicolás CASTELLON, alférez mayor y Gregorio DE VERGARA - Permiso para fabricar un ingenio cada uno en su corral Xiriaco y dejar el resto para ganado.
Agustí DE PALMA - Licencia para fabricar otro ingenio en sus tierras del corral Cabeza de La Chorrera, como dueño que es de 1/8.

Bayamo

Mercedes otorgadas por diversos cabildos cubanos.
Manuel José BAEZ - Sao de Yereniquén (55).

Santiago de Cuba

Mercedes de tierras y solares otorgados por el Cabildo de Santiago de Cuba (56).

Luis DE ALMEIDA - tierra
Alonso GARCIA - tierra para una estancia
Therencio CORQUE - solar
Juan SUMAQUERO - dos caballerias de tierra
María DE CINTRA - tierra
Juan AGUERO - tierra
Juan PEREZ - tierra
Domingo SAMARROS - tierra
Juan DE LUNA - tierra
Pedro SANCHEZ - solar para fabricar
Ana DE ESPINOSA - tierra
Juan DE AGUILAR - tierra
Mateo DEL PRADO y PARDO, canónigo - tierra labrada
Manuel RUIZ - un sitio en el Tiguabo para cerdos
Felipe DE PARDO - solar para una casa
Gregorio DE LOCAYNA - solar para una casa
Alonso DE FLORES - solar para fabricar
Leonardo CARLOS - solar para fabricar
Tomás FERNANDEZ - solar para una casa para la co-
                   fradía de Ntra. Sra. del Rosario
Ambrosio FERNANDEZ - solar para fabricar
Diego PEREZ - solar para fabricar
Juan DE LUNA - solar para fabricar

1666

Santiago de Cuba

Nombres de los que fueron elegidos por el Cabildo a principios del año. Blás TAMAYO, alcalde ordinario; Manuel GONZALEZ REGAYFEROS, alcalde ordinario; Pedro RAMOS, provincial; Antonio Ventura DE SOSA, alguacil mayor; Pedro DE FROMETA, depositario; Fernando SER-VANTES (sic), procurador general (57).

Mercedes de tierras y solares otorgadas por el Cabildo de Santiago de Cuba (58).

Cristóbal CORTES - solar
María RODRIGUEZ - solar
Diego BAZQUEZ (sic) - solar (negado)

Domingo HERNANDEZ - una caballería en 25 pesos
Pbro.Domingo MANCEBO - solar para fabricar
Domingo AMOROS - una caballería
Pedro FROMETA - media cuadra para fabricar
Benito HERNANDEZ - un solar en el barrio de Santo
                    Tomás.
Blás TAMAYO, alférez - un sitio para corral de ga-
                    nado menor junto al río
                    Grande.
Alonso DE SALNIA - pide el sitio de la Ramada para
                    ganado menor y estancia; antes
                    era de Luis GARCIA
Juana DE AGUILAR - un sitio para ganado de cerda en
                    el paso del Calabazal
Francisco DE CASTELLANOS - sitio del Platanal
Ana RODRIGUEZ - un solar
Lorenza HERNANDEZ - un solar
Alonso DE VEGA - un solar
Juana DE CUYANDO - un solar
Juana FERNANDEZ - un solar
Pedro RUIZ - un solar
Manuel RUIZ - un solar
Diego DEL POZO - una caballería
Antonio DOMINGUEZ - un solar
Tomás GARCIA - un solar
Sebastián DE COBA, capitán - un solar en el barrio
                    de Santo Tomás y otro
                    en el de Matachín.
Luis MARTIN - un solar
Franco CORBETA - un solar
Juana GARCIA - un solar
Antonió DE HEREDIA - un solar
Juana DE CESAR - sitio de.la Ramada camino hacia
                    Bayamo.
Leonor DE REYNA - un solar en el barrio de Santo
                    Tomás junto al de Faustina DE
                    LAGOS.
María DE BERGARA - un solar en el barrio de Santo
                    Tomás junto al del Rey Congo.
Pedro ROQUE - un solar en el barrio de Santo Tomás.
Marcelo HERNANDEZ - un solar atrás de la casa de
                    Francisco LOPEZ.
Simón DE FEBO - un solar por el barrio de Matachín.
Francisco GONZALEZ DE REGAYFEROS - un solar para
                    fabricar en la plaza de
                    Santa Ana.
Diego DE PENALVER - un sitio para sembrar cacao
                    desde donde llaman Boca de Río
                    Grande hasta Yarayabo.
Juan HERRERA - solar para casa de vivienda.

1670

Santiago de Cuba

Mercedes de tierras y solares otorgadas por el Cabildo de Santiago de Cuba (59).
Luis LOPEZ, capitán - pide el Canasí para vacas y ganado cabrío.
Juan DE ANDUS - 2 caballerías para hacienda de cacao.
Lorenzo QUIRABURUAGA - Manantuaba
Bartolomé OROZCO - tierra para ingenio de cacao
Juan DE LOS REYES - 2 caballerías en Jaragüeca.
Blás DE TAMAYO, alférez mayor - sitio de cacao y otros frutos en el camino de Cauto Arriba.
Diego RAMOS - un sitio de corral para ganado menor.
Luis LOPEZ HERRERA - un sitio para ganado de cerda en el sitio de Santo Domingo.
Inés DE GUZMAN - testimonio de su estancia en la QUEBA.
Manuel MACHADO - una caballería para estancia de cacao, yuca y maíz.

1672

Mercedes de tierras y solares otorgadas por el Cabildo de Santiago de Cuba (60).
Francisco RAMOS - el hato del Migial
Luis AMARO - un cayo para cría de ganado cabrío
Francisco GONZALEZ REGUEYFEROS - tierra de Caimanes
Francisco DE BURGOS - una peonía de tierra
Juan DE LEIBA - un cayo al pie del puerto
Licenciado Francisco RAMOS - licencia para fundar dos sitios de ganado en su hato de Vacajagua.
Francisco IZQUIERDO - tierra de BOLANOS
Francisco RAMOS, alférez - una caballería
Bartolomé DE MEDINA - un solar

1684

Bayamo

Apellidos de los indocubanos residentes en Bayamo durante los padrones de la población de dicho año.
AGUILAR, ALBEROS, ANGELINA,AQUINO (DE),ASENCIO,LAS BANDERAS (DE),BARACALDO,CABRERA,CANDELARIA (DE LA), CONSUEGRA, CORDOVI, CORREA, CHAMELA, DAMIAN, DELGA-DO,DIOS (DE),DOMINGUEZ, FRANCISCO, FUENTES,GABRIEL,

GARCIA, GOMEZ, GONZALEZ, GREGORIO, GUEVARA, GUTIE-
RREZ, HERNANDEZ, HOYO (DEL), LABRADA, LEIVA, LEON,
LOPEZ, MARQUES, MARRON, MARTIN, MATAMOROS, MEDINA,
MONTERO, MUNOZ, NUNEZ, PANTOJA, PEREIRA, PEREZ,
QUESADA (DE), RAMIREZ, RAMOS, REYES (DE LOS),
RODRIGUEZ, SALINAS, SANCHEZ, SANTOS, SOTO (DE),
SUAREZ, TAMAYO, VAZQUEZ, VEGA (DE) (61).

<u>1688</u>

Haciendas existentes en el occidente de Cuba (62).

Propietario	Hacienda	Tipo de Hacienda
Diego GARCIA	San Francisco	corral de cerdos
Tte.Luis DE SOTO	Guaycanamar	" " "
Pedro HORRUITINER, capitán	Xiquiabo	" " "
Diego FRANCISCO	Arcos	" " "
Capt.Juan DE PRADO	Caunavaco y Sabana de Plata	" " "
Lorenza DE CARABA	Arcos de Canasí	" " "
Ignacia DE CORDOBA	Puerto Escondido	" " "
Agustín DE BALMASEDA	Xibacoa	" " "
Agustín GATTO	Corral Nuevo	" " "
Diego DE CASTILLO	Yumurí	" " "
Bartolomé GARCIA	La Pita	" " "
Juan DE CARDENAS	Jaruco y Bainoa	hato
M. DE VERGARA, presbítero	San Agustín	corral de cerdos
Francisco MUJICA	Aguacate	sitio
Cipriano CALVO	Corral Nuevo	corral de cerdos
Sebastián XIMENEZ	Cayajabo	" " "
María DE AMESTUA	La Vija	" " "
Antón RECIO (3)	La Magdalena	" " "
Cristóbal DE OLIVARES	Santa Ana	" " "
Hernando MEXIA	San Pedro	" " "
Juan RANGEL	Limones Chicos	" " "
Sebastián DEL PRADO	Las Sidras	" " "
Nuño DE VILLAVICEN-CIO	Cajovas	" " "
" " "	La Palma	" " "
Francisco CASTILLA	Limones Grandes	" " "
Gaspar XIMENEZ	Santa Ana	" " "
Andrés RUBIO	Río Blanco	" " "
Juan DE NAVIA	El Jatillo de Santa Ana	" " "
Diego DE ZAYAS	Mayabeque	" " "
" " "	El Rosario	" " "
María DE LA TORRE	Humoa y Acarairas"	" "

44

Propietario	Hacienda	Tipo de Hacienda		
Juan LUIS	Los Palos	"	"	"
Joseph DE LEIVA	La Cienega	"	"	"
Francisco DEL PINO	Macurijes	hato		
" " "	Mazariegos	"		
" " "	El Masio	corral de cerdos		
" " "	Río Nuevo	"	"	"
Juan ARMENTEROS	Las Moscas	"	"	"
Miguel DE GARRO	La Sabanilla	"	"	"
Silvestre DE ARMEN-TEROS	Los Alacranes	"	"	"
Antón RECIO DE BO-RROTO, pbro.	San Antonio	"	"	"
Francisco CASTILLA	varios	"	"	"
José DE SOTO, cap.	Canimar	ingenio y hato		
Antonio DE SIERRA	Las Lagunillas	corral de cerdos		
Teodoro DE OQUENDO	Cimarrones	"	"	"
Luis DE SOTO, alf.	El Sitio	"	"	"
Juan MARTIN	Camarioca	"	"	"
Pedro DE ARANGO, contador	Río Blanco	"	"	"
Diego GONZALEZ DE LA TORRE	Consolación	hato		
Ubaldo DE ARTEAGA, capitán y Pedro ENOGORTA	varios	corral de cerdos		
Clara DE SILVA	varios	"	"	"
Antonio DEL CASTILLO	San Andrés	"	"	"
Catalina CASTELLON	San Juan	"	"	"
Pedro RECIO DE OQUENDO	Yaguarama	hato		
Ambrosio DE CARDE-NAS y Juan QUIJANO	Hanábana	"		
Juan DE SEPULVEDA	San Felipe	"		
Alonso SANCHEZ	El Cercado	"		
Juan LOPEZ LARIO	Las Balandras	"		
Miguel LOPEZ	El Rosario	"		
Blás CALVO, alférez	varios	"		
Juan DE RIANCHO	San Marcos	"		
Mauricio RAVELO	Las Nievas	"		
Francisco DE AGUILA	San Pedro	"		
Alonso SANCHEZ	Turquino	"		
Hilario ESTRADA	varios	"		
María DEL CASTILLO	Guamutas	"		
" " "	Altamisal	ranchería		
Teodoro OQUENDO, teniente	Hato Nuevo	corral de cerdos		
Pedro RECIO DE OQUENDO	varios	"	"	"
Fabián VEGA	varios	hatos, rancherías		

45

Propietario	Hacienda	Tipo de Hacienda
Juan MOREJON, el mozo	Banagüises y El Jiguey	corral de cerdos
Juan DE MOREJON, teniente	El Potrerillo y La Macagua	hato / corral de cerdos
Serafín DE ARANCI-. VIA	Laguna Grande y Alvarez	hato y tenería
Pedro VERNIER DE LEGASA, tesorero	Las Cañas	corral de cerdos
Sebastián CALVO DE LA PUERTA	Baracoa, Marien Mosquitos y Río Hondo	" " "
Francisco CASTELLON	Banes	corral de cerdos
Diego ORTIZ ORDONEZ	El Copei	" " "
Juan GONZALEZ, capitán	Dominica y Antón Perez	" " "
Gaspar DE MANRESA	Canarias	" " "
Francisco DE ARRA-GOCES	varios	sitios
Francisco DE ORDAS	San Miguel	corral de cerdos
Andrés PABLOS, pbro.	San Salvador	" " "
José DIAZ GARAONDO, comisario de la Inquisición	San Miguel	" " "
Juan GONZALEZ RIVA-DENEYRA	varios	" " "
Diego DE LA TORRE	Santo Domingo	" " "
José GARCIA	Santa Cruz	" " "
Melchor CARRILLO, alférez	Río Hondo	" " "
Juan HERRERA, here-deros de	El Sitio	" " "
Lorenzo CARVAJAL	Cayajabos	" " "
María DE ARENSIBIA	Javaco	" " "
Teresa DE ARENSIBIA	Guanajay y Las Virtudes	" " "
Domingo DEL CORRAL	San Andrés	" " "
Bartolomé LOPEZ	Cacarajícara	" " " .
Juan GONZALEZ	Río de Medio	" " "
Bernabé TOVAR	San Marcos	" " "
José VELOSO, capi-tán	varios	" " "
Lorenza DE CARVAJAL	Río Blanco	" " "
Tomás DE URABARRU, capitán	Arroyo de Barra	" " "
María PITA	El Rosario y San Cayetano	" " "
Inés SOTO	Corralillo	" " "
Pedro MARIN	Malas Aguas	" " "
Juan LOPEZ MENDI-ZABAL	Nombre de Dios	" " "

Propietario	Hacienda	Tipo de Hacienda		
Cristóbal RODRIGUEZ	Peña Blanca	"	"	"
Francisco AGUADO	La Chorrera	"	"	"
Diego y Juan BEXAA-RANO	El Abra, El Ancón	"	"	"
José A. CALVO	Bacunaguas	"	"	"
Manuel DE MURGUIA y MENA, lcdo.	varios	"	"	"
Pedro DE PEDROSO, pbro.	Los Pinos	"	"	"
Leonor CALVO	San Cristóbal	"	"	"
Juan VARELA	Santa Ana	"	"	"
Jacinto PEDROSO, capitán	Santo Cristo	"	"	"
Francisco CANIEGO, capitán	varios	"	"	"
Sebastián CARRILLO	Guanacaxe	"	"	"
Juan LORENZO	Río Grande	hato y corral		
Juan LONGO	Majana y San Marcos	corral de cerdos		
Gonzalo CHACON, capitán	Guayabal	"	"	"
Luis DE SOTO, alférez	s/n	"	"	"
Juan FRANCISCO, alférez	Quivicán	"	"	"
Juan DE SILVA, capitán	El Bejucal	"	"	"
Nicolás DE AVILES	Aguas Verdes	"	"	"
Pedro VERNIER DE LEGASA, sargento mayor	El Aguacate	"	"	"
Juan DE LEON	Managua	"	"	"
Francisco DE PALMA VELOSO	Turibacoa	"	"	"
Bartolomé DE LA TORRE	Caxío	"	"	"
José DE LA TORRE	Güira y Melena	"	"	"
Marcelo DE VERGARA, pbro.	Guanabo	"	"	"
Bernabé José LOPEZ DE MOLINA, pbro.	Haiguán	"	"	"
Manuel DUARTE	Matavanó	"	"	"
Teresa DE AVALOS	Sibanacán	"	"	"
Antonio DE BAYONA, capitán	Mayabeque	"	"	"
Cristóbal DE POVEDA	varios	"	"	"
Antonio Manuel DE ROJAS	Xiaraco	"	"	"
María DE LA TORRE	San Pedro	"	"	"
Juan GONZALEZ	El Cano	"	"	"

Propietario	Hacienda	Tipo de Hacienda		
Cristóbal DE OLIVERA	Guara	"	"	"
Manuel BARRETO	Bagaez	"	"	"
Luis JUSTINIANI, capitán	San Antón	"	"	"
Francisco DE MEXIA	La Bixa	"	"	"
Diego DE RIVERA	Santa Catalina	"	"	"
Luis PEREZ DE BO- RROTO	varios	"	"	"
Luis LOPEZ DE LORES	Casiguas	"	"	"
María LEYBA, here- deros de	Arroyo Blanco	"	"	"
Alonso CHIRINO	La Sabanilla	"	"	"
Luis GONZALEZ	Figueroas	"	"	"
Martín DE PALMA	Yamaragua	"	"	"
Francisco DE LEZAMA	Nombre de Dios	"	"	"
María DE LA TORRE	Guaraguasí	"	"	"
Luis PEREZ	Seibabo	"	"	"
Cristóbal PEREZ	Los Jagüeyes	"	"	"

Remedios

Mercedes otorgadas por diversos cabildos cubanos (63).
Alonso RODRIGUEZ - Jicoteas
Manuel RODRIGUEZ DE ARCINIEGAS - San José

1689

Santa Clara

Apellidos de los pobladores quienes fundaron la villa de Santa Clara el 15 de julio de 1689 (64).

ACEITUNO, ALEJO, ALVA (DE), ARJONA, BERMUDEZ, CARRAZANA, CONSUEGRA, DIAZ DE ACEVEDO, GONZALEZ, GONZALEZ DE CASTRO, GUTIERREZ, HERNANDEZ, HURTADO DE MENDOZA, JIMENEZ, LOPEZ DE QUERALTA, MANSO DE CONTRERAS, MARQUEZ, MARTIN DE CONYEDO, MARTIN DE SAN REMO, MARTIN DE SINJAR, MARTIN DE LOS SANTOS, MENDIOLA, MONTEAGUDO, MORALES, MOYA (DE), NOBLE, ORELLANA, PENARRUBIA, PEREZ DE ALEJO, PEREZ DE LA CRUZ, PEREZ DE MORALES, QUINONES, RAMIREZ, REINOSO, REYES (DE LOS), RODRIGUEZ, RODRIGUEZ DE ARCINIEGA, RODRIGUEZ CHAVIANO, ROJAS, ROSA (DE LA), SANCHEZ, SARDUY, SERNA (DE LA), SORIA, TORRES, USTARIZAGA, VALDIVIA, VEITIA, VIDAL, YERA.

Matanzas

Cabezas de familia de los asentados originalmente para la fundación de San Carlos y San Severino de Matanzas (65).
Juan DE URIBE OZETA, escribano; Domingo ALFONSO, Miguel ALFONSO, Salvador ALVAREZ, Pedro BAEZ, Andrés BARROSO, Andrés DIAZ, alférez; Simón DIAZ, Julián DIAZ GONZALEZ, Juan DOMINGUEZ, Diego Felipe DE BOSA, Pedro FERNANDEZ GUERRERO, Diego GARCIA ORAMAS, Baltasar GONZALEZ, Domingo GONZALEZ, Jacinto GONZALEZ, Juan GONZALEZ, Simón GONZALEZ, sargento; Diego GONZALEZ BELLO, Juan GONZALEZ BELLO, alférez, Blasina DE GOYAS, Pedro HERNANDEZ, Matías LAGUNA, Francisco MARTIN, Melchor DE MELO, Diego MENDEZ, capitán; Angel PEREZ, Luis PEREZ, Pedro PEREZ, Salvador PEREZ, Urbano PEREZ, Miguel PEREZ MALLEA, Gaspar DE LOS REYES, Julián RIVERO, Domingo RODRIGUEZ, Francisco RODRIGUEZ, Silvestre RODRIGUEZ y Esteban DE TORRES.

Matanzas

Primer ayuntamiento de Matanzas constituido el 8 de diciembre de 1694.
Diago MENDEZ DE LEON ILLADA, natural de Tenerife; Miguel ALFONSO DE ARMAS, natural de La Laguna; Domingo ALFONSO RUIZ, natural de La Rambla; Diago GARCIA DE ORAMAS, natural de El Realejo de Abajo; Sebastián PEREZ RAMELLON, natural de La Orotava; Pedro FERNANDEZ GUERRERO, de Tenerife.

Otros nombres que aparecen durante el siglo XVII

Marcos RODRIGUEZ, cacique indio de Los Caneyes-1655
Blás DE ORTIZ, indio del Caney-1684
Pedro FRANCO, indio del Caney-1684
Pbro.Francisco DE LA GUERRA, de las Islas Canarias, La Habana-1687.
Pedro RODRIGUEZ LINDO, capitán de barco, La Habana-1687.
Pedro MANRIQUE, vecino de Santiago de Cuba-1688.
Juan DE ESPINDOLA, vecino de Santiago de Cuba-1688.
Daniel DE LA PLAZA, francés, vecino del Pitiguao-1700.

Notas del Capítulo IV

(42)Juan DE EGUILUZ a Su Majestad, La Habana, 14 de agosto de 1607. AGI, Santo Domingo, Legajo 116.

(43)"Padrón de la gente de Santiago de Cuba hecho en el año 1604." AGI,Santo Domingo, Legajo 150, número 33.

(44)Gobernador VALDES a Su Majestad, 1607. AGI, Santo Domingo, Legajo 100, número 91.

(45)MORELL DE SANTA CRUZ, Pedro Agustín. Historia de la Isla y Catedral de Cuba. Academia de la Historia de Cuba, La Habana,a, 1929.

(46)Juan DE EGUILUZ al Gobernador Sancho DE ALQUIZA Santiago, 1618.

(47)Cabildo de Santiago de Cuba,29 de marzo de 1626 AGI, Santo Domingo, Legajo 117.

(48)Mercedes de Tierras otorgadas por el Cabildo de La Habana.

(49)(50)(51)(52) véase la nota (48).

(53)MARRERO, Leví. Cuba, Economía y Sociedad. Tomo 3, p. 219, Madrid, 1974 y original.

(54)véase la nota (48).

(55)véase la nota (53).

(56)Mercedes de Tierras otorgadas por el Cabildo de Santiago de Cuba.

(57)Cabildo de Santiago de Cuba.

(58)(59)(60) véase la nota (56).

(61)"Padrón de la población, 1684". AGI, Santo Domingo, Legajo 106, número 79.

(62)AGI, Santo Domingo, Legajo 151, ramo 2.

(63)véase la nota (53).

(64)MARRERO, ibídem, p.71 y original.

(65)ibídem, p.86 y original.

Capítulo V
SIGLO XVIII

1731

El Caney

Padrón de 'naturales' de El Caney. En este caso la palabra 'naturales' no se refiere a los que habían nacido en El Caney. En realidad se refiere a los indios de esta localidad. Aunque eran indios en nombre solamente, porque el reporte dice que eran "...mulatos, grifos (de color) y demás mixtos." Este padrón fué confeccionado por el Pbro. Juan RIVERA ARAUZ (66).

Silvestre DE ARANDA, alcalde; Manuel ARGÜELLO, alcalde; Diego DE ALMENARES, regidor; Manuel DE ALMENARES, regidor; Pedro ARGUELLO, capitán; Juan Vicente DE ARANDA, alférez; Santiago DE MENDOZA, alférez; Juan Gerardo MONTOYA, alférez; Pedro DE ALMENARES, Pablo DE ARANDA, Juan DE ARGÜELLO, Lázaro ALVARADO, Lázaro CARVAJAL, Juan Miguel DURAN, Juan Antonio DE FROMESTA, Manuel GARCIA, Francisco GOMEZ, Francisco MACEDO, Asencio DE MENDOZA, Luis Ignacio DE MENDOZA, Antonio MONTOYA, Juan Luis DE MORALES, Alfonso ORTIZ, Pedro PATRICIO, Antonio DE QUESADA, Juan RAMOS DIAZ, Baltasar RODRIGUEZ, Nicolás RODRIGUEZ, Simón RODRIGUEZ, Manuel ROMAN, Cosme SENTENO.

1732

Santa María del Rosario

El siguiente padrón está compuesto de los treinta vecinos principales de Sta. María del Rosario (67). Miguel GONZALEZ DE LA CRUZ SUAREZ, alcalde; Joseph HERRERA, alcalde; Gregorio YANES, alférez mayor; Sebastian LUIS, provincial de la Santa Hermandad; Domingo Francisco DE ACOSTA, alcalde de la Santa Hermandad; Bernardo CARABALLO DE VILLAVICENCIO, alcalde de la Santa Hermandad; Juan Antonio CARABEO, alguacil mayor; Joseph GUTIERREZ, fiel ejecutor; Claudio HERNANDEZ GUIROLA, depositario general; Nicolás PEREZ, regidor; Cristóbal FUNDORA, regidor; Juan DOMINGUEZ ALFONSO, regidor; Nicolás GERMAN; procurador general; Salvador HERNANDEZ PILOTO, Joseph ACEBEDO, Juan MARTIN GUERRERO, Joseph HENRIQUEZ, Gerónimo NUNEZ, Manuel DE MENDOZA,

Sebastián PADRON, Manuel LUIS, Estebán ALBARES (sic),teniente; Juan DE CACERES, Pedro DEL POZO, Joseph DEL POZO, Cristóbal GONZALEZ, Domingo PALACIOS DEL HOYO, Francisco PALACIOS, Bernardo RIZO.

1735

Holguín

"Padrón de las casas y familias y todas las personas estantes y havitantes (sic) de este pueblo de San Isidoro de Holguín hecho en el mes de febrero año del Señor deL 1735" (68).

Casa del Pbro. Joseph ANTUNEZ ZAPATA	
Criados - Lorenzo	35 años
María Catharina	26 "
Ysabel	5 "
Blás	30 "
Juan	13 "
Casa del Tte. Diego DE LA TORRE CHAVARRIA,	50 años
Esposa - Catharina DE ACOSTA	44 "
Hijos - Pedro	23 "
Luis	21 "
Ana	7 "
Esclavos - María	61 "
Ysabel	30 "
Juan	34 "
Pedro	30 "
Antonio	28 "
Margarita	2 "
Diego	25 "
Casa de Ambrosio MORENO	73 años
Hijos - Andrés	26 "
Ambrosio	18 "
Casa de Gerónimo MORENO	
Esposa - Gerónima PACHECO	30 años
Hijos - Blás	14 "
Gregoria	11 "
María	8 "
Francisco	4 "
Bivientes(sic) - Andrés VISENTE	17 "
Bartolomé GARCIA	30 "
Casa de Mathías DE SANTIESTEVAN	19 "
Esposa - Juana Phelipa DE CHAVARIA	13 "
Hija - Theresa de la Caridad	6 meses
Casa de Manuel DE SANTIESTEVAN	23 años
Esposa - María del Carmen CHAVARIA	14 "
Esclavos - Gabriel	50 "
Phelipe	20 "

52

```
Casa de Manuel DE PARRA                               31 años
   Esposa - Manuela de la Cruz CHANCA?               25  "
   Hijos - Candelaria                                10  "
           Manuel                                     7  "
           Antonio                                    4  "
           Miguel                                     2  "
           Juana                                      1  "
   Esclavos - Gaspar                                 30  "
              Gertrudis                              20  "
              Juana                                   2  "
   Bivientes - Santiago DE ESTRADA                   76  "
               Pedro                                 28  "
Casa de Bernardo REYNALDO                            56  "
   Hijos - Bartolomé                                 20  "
           Simón                                     12  "
   Biviente - Juan Felix DE ALDANA                   30  "
Casa de Faustino HIDALGO                             37  "
   Esposa - Gertrudis DE AVILA(orig.dice             30  "
   Hijos - María Jacinta          ABILA)             13  "
           Thomás                                    11  "
           Joachín                                    8  "
           Agueda                                     2  "
   Esclavo - Phelipe                                 22  "
Casa de Bartolomé HIDALGO                            76  "
   Esposa - Ana María VAZQUEZ (orig.dice             60  "
   Esclavos - Magdalena         VASQUES)             23  "
              Dominga                                 2  "
              Antonio                            4 meses
Casa de Maria DE LA TORRE                        54 años
   Hijos - Isidoro                                   27  "
           Juana                                     30  "
Casa de Juan BRENES                                  30  "
   Juana BRENES (hermana?)                           23  "
   Esposa - Aldonsa DE ALMAGUEY                      23  "
   Hijos - Ignacio                                    6  "
           Francisco                                  2  "
Casa de Agustín DE ALMAGUER (orig.dice             25  "
   Esposa - Josepha DE LA CRUZ   ALMAGUEL)          22  "
   Hijos - María                                      4  "
           Biolante (sic)                             3  "
           Ignacio                                    2  "
Casa de Juan DE AVILA (orig.dice ABILA)            35  "
   Esposa - Margarita DE ROSAS                       24  "
   Hijos - Francisco                                  4  "
           Antonio                                    2  "
           Fructuoso                                  1  "
Casa de Cristóbal DE ALMAGUER (orig.dice           34  "
   Esposa - Isabel ARIAS         ALMAGUEL)          30  "
   Hijos - Francisco de José                          4  "
           Juan Antonio                               8  "
```

```
                Feliciana                            6 años
                Cayetano                             3  "
                Cristóbal                            1  "
     Bivientes - Manuel                             16. "
Casa de Juan Manuel AVILA(orig.dice ABILA)  26  "
     Esposa - Rosa RAMIREZ                          23  "
     Hijos - María                                  5  "
                Manuela                              4  "
                Pablo                                2  "
                Isidoro                              1 mes
Casa de Patricio RICARDO                       41 años
     Esposa - Isabel BATISTA                        36  "
     Hijos - Bernardino                             21  "
                Joseph                              19  "
                Juan                                16  "
                María                               15  "
                Manuel                              12  "
                Thomas                              10  "
     Esclavos - Sebastián                           25  "
                Ana                                 22  "
                Antonio                             20  "
                Paula                                5  "
Casa de Juan DE MORALES                         46  "
     Esposa - Juana Francisca GONZALEZ             40  "
     Hijos - Jacinto                               18  "
                Luisa                               14  "
                Francisco Bridio (sic)             12  "
                María                               11  "
                Violante                            10  "
                Phelipa                              9  "
Casa de Juana DE LA TORRE                       59  "
     Hijos - Margarita                             20  "
                Andrea                              18  "
                Rosimanda                            9  "
Casa de Manuel DE LA TORRE CHAVARRIA,
           capitán de caballos                     42  "
     Esposa - María Josepha DE ALMAGUEY            36  "
     Hijos - Francisco                             18  "
                Marcelino                            5  "
                Ysabel María                        2  "
     Esclavos - Miguel                             25  "
                María Candelaria                    30  "
                Juana                               22  "
                Polonia                             12  "
                María de la Rosa                     8  "
                Pablo Fructuoso                      1  "
Casa de Joseph DE CHAVARRIA,tte.de caballos40  "
     Hijos - Alonso                                14  "
                Margarita                           12  "
     Esclavos - María de la Caridad                32  "

                        54
```

```
                Pedro                                   20 años
Casa de Juan BERMUDES DE CASTRO                         56   "
   Esposa - Lorenza DE AVILA (orig.dice                 49   "
   Hijos - María                        ABILA)          28   "
           Francisco                                    25   "
           Juan                                         19   "
           Joseph                                       13   "
   Esclava - Gertrudis                                  20   "
Casa de Basilio DE LA CRUZ                              40   "
   Esposa - Clara CORRAL                                33   "
   Hijos - Juana Manuela                                19   "
           Joseph                                       15   "
           María                                         9   "
           Valentín                                      8   "
   Biviente - Gabriela CORRAL                           25   "
Casa de Salvador VAZQUEZ                                48   "
   Esposa - Ana ROMERO                                  49   "
   Esclavos - María Josepha                             51   "
              Pedro                                     30   "
   Biviente - Diego DE ROJAS                            21   "
Casa de Joseph RICARDO                                  29   "
   Esposa - Catharina VAZQUEZ                           27   "
   Hijos - Mauricia                                      9   "
           Juan                                          6   "
           Ana de Jesus                                  4   "
           Francisca                                     2   "
           Ignacio                                       1   "
   Esclavos - Antonio                                   25   "
              Raphaela                                  17   "
Casa de Ignacio PANEQUE                                 51   "
   Esposa - Lucía DE LA CRUZ                            45   "
   Hijos - Angela                                       13   "
           María                                        11   "
           Isidora                                       9   "
           Agustín                                       8   "
           Gerónimo                                      6   "
           Juan Gerónimo                                 6   "
           Theresa                                       3   "
           Ignacio                                       1   "
Casa de Diego VAZQUEZ                                   55   "
   Hijos - Bernardo                                     18   "
           Paula                                        15   "
   Esclava - María                                      14   "
Casa de Juan DE ESCOBAR (orig.dice ESCOBAL)30   "
   Esposa - María DE ALVERROS                           19   "
   Hija - Paula María                                   10 meses
   Esclavo - Benito                                     26 años
Casa de Joseph RAMIREZ                                  38   "
   Esposa - Ygnes DE LA CRUZ                            50   "
   Hijos - Julián                                       14   "
```

55

```
                Terbacia                      12 años
                Rufina                        10   "
                Alexandro                      7   "
                Ignacia                        4   "
                Juana                          2   "
                Salvador                       6 meses
Casa de Miguel DE RIVAS?                       25 años
    Hermanos - María                           23   "
               Esteban                         20   "
               Juan                            18   "
               Juan Precisiano?                15   "
               Ysabel                          14   "
Casa de Clemente DE ESCALONA                   25   "
    Esposa - María RAMIREZ                      13   "
    Hija - Angela                               7 meses
Casa de Alonso DE ESCALONA                     18 años
    Esposa - Cecilia GARSES ó GARCES            13   "
    Hija - Petronila                            3 meses
Casa de Francisco DE LA CRUZ                   40 años
    Esposa - María DOMINGUEZ                    25   "
    Hijos - Marcos                              13   "
            Francisco                           8   "
            Miguel                              7   "
            Andrés                              6   "
    Esclavos - Catharina                        30   "
               Gatilda                          3   "
    Bivientes - Tiburcio DE LEON                17   "
Casa de Pedro BATISTA, capitán                 41   "
    Esposa - Juana RICARDO                      36   "
    Hijos - Manuel Salvador                     16   "
            Isabel                              15   "
            Felix Joseph                        12   "
            Juan Antonio                        10   "
            Andrés                               9   "
            Bernardo                             7   "
            Diego                                5   "
            Luis Antonio                         2   "
    Esclavos - María                            27   "
               Thomasa                           2   "
Casa de Pedro CHAVARRIA, alférez               24   "
    Esposa - María BATISTA                      18   "
    Hija - Rosalía                              2 meses
    Viviente - Manuel JOSEPH                    40 años
Casa de Luis CHAVARRIA, alférez                22   "
    Esposa - Francisca DE PUEBLA                17   "
    Viviente - Alexandro                        64   "
Casa de Juan DE LOS REYES                      40   "
    Esposa - María RICANA                       35   "
    Hijos - Juan                                20   "
            Cristóbal                           12   "
```

```
                    María                                  13 años
                    Manuel                                 10   "
                    Gregoria                                6   "
                    María de Jesus                          5   "
                    Luis                                    3   "
                    Chrisostomo                             5 meses
Casa de Felix (orig.dice Felis) RICARDO                    30 años
    Esposa - Ygnes DE PENA                                 25   "
    Hijos - Josepha                                         8   "
            Blás                                            6   "
            Juliana                                         4   "
            Miguel                                          9 meses
    Viviente - Fructuosa                                   16 años
Casa de Agustín DE AVILA (orig.dice ABILA)                 43   "
    Esposa - Juana MARRERO                                 39   "
    Hijos - Francisco Daniel                               15   "
            Blás                                            13   "
            María                                           12   "
            Ygnes                                           11   "
            Miguel                                           7   "
            Juliana                                          5   "
            Phelipa                                          3   "
            Leonor                                           2   "
    Esclavos - Gertrudis                                   25   "
               Ana Antonia                                 15   "
               Antonia                                      7   "
Casa de Pablo RAMIREZ                                      29   "
    Esposa - Juana Gabriela                                26   "
    Hijos - María del Carmen                                6   "
            Benito                                           5   "
            Juana Phelipa                                    2   "
    Esclava - Gertrudis                                    21   "
    Vivientes - Nicolás BAEZ(orig.dice BAES)20   "
                Guillermo DE FLORES                        40   "
Casa de Félix (orig.dice Felis) ALVAREZ                   41   "
    Esposa - Rufina DE LA CRUZ                             38   "
    Hijos - Isidoro                                        16   "
            María                                          11   "
            Bartolomé                                       9   "
            Pedro                                           6   "
            Juana                                           2   "
Casa de Francisco RICARDO                                 25   "
    Esposa - Petrona ALVAREZ                               19   "
    Hijos - Eduardo                                         2   "
            Juana                                           1   "
    Vivientes - Blasa DE ALVAREZ                           23   "
    Hijos de Blasa - Manuela                                4   "
                    Isidro                                  2   "
Casa de Domingo DE LA TORRE                                50   "
    Esposa - María DE AVILA(orig.dice ABILA)45   "
```

```
Hijos - Silvestre                          23 años
        María                              22   "
        Antonio                            19   "
        Diego                              15   "
        Ysidor                             12   "
Esclavos - Juan Antonio                    30   "
           Antonio                         25   "
           Candelaria                      32   "
           Miguel                          16   "
Vivientes - Salvadora DE LEON              87   "
            Pedro GUILLEN                  60   "
            Salvador GUILLEN               41   "
Casa de Juan DURAN                         31   "
  Esposa - Ignes RABELI                    25   "
  Hijos - Julián                            8   "
          Juan                              4   "
          Juan de Dios                      3   "
Casa de María RAVELY ó RAVELI              47.  "
  Hijos - Vicente                          14   "
          Francisca                        12   "
          Manuel                            9   "
          Rosa                              2   "
Casa de Joseph ANGEL                       41   "
  Esposa - María DE ARGOTE                 28   "
  Hijos - Ygnes                             4   "
          Ygnacia                           2   "
          Escolastica                       1   "
Casa de Diego MARTIN DE LA ROCHI           50   "
  Esposa - Marsela SANCHEZ                 60   "
  Hijos - Miguel                           19   "
          Toribio                          10   "
          Francisco                         4   "
Casa de Pedro DE LEYBA                     35   "
  Esposa - Bernarda DE AVILA (orig.dice
                        DE ABILA)          30   "
  Hijos - Juan                             15   "
          Luis                             12   "
          Pedro                            10   "
          Joseph                            8   "
          Juan Miguel                       6   "
          María                             3   "
          Salvadora                         2   "
Casa de Joseph DE LA TORRE                 40   "
  Esposa - Clara DE LEYBA                  19   "
  Hijo - Juan                               2   "
Casa de Isidro NUÑEZ                       41   "
  Esposa - María NUÑEZ                     30   "
  Hijos - Mathías                           6   "
          Joaquín                           4   "
Casa de Mathías RIQUENES                   42   "
```

58

```
Esposa - Manuela DE DIAZ                    39 años
Hijos - Gerónimo                            13  "
        Juana                               12  "
        Antonio                              6  "
        Michaela                             3  "
        Juana Manuela                        2  "
Casa de Raphael DE AYALA                    26  "
   Esposa - María RIQUENES                  18  "
   Hijos - Patricio                          7  "
           Hermenegildo                      5  "
Casa de Joseph CABRERA                      45  "
   Esposa - Juana DE ESCALONA               40  "
   Hijos - Dorotea                          18  "
           María                            16  "
           León                             10  "
           Juana                             7  "
           Antonio                           6  "
           Justa                             4  "
           Petrona                           1  "
Casa de Luis DE LEYBA                       39  "
   Esposa - María PEREZ                     41  "
   Hijos - Alexandro                        12  "
           Manuel                           10  "
           Josepha                           8  "
           Rosa                              5  "
           Estefanía                         4  "
           Luisa                             2  "
           Theodora                          9 meses
Casa de Francisco DE QUESADA               55 años
   Esposa - Salvadora DE LLAS              39  "
   Hijos - Gabriela                        16  "
           Manuela                         13  "
           Lorenza                         10  "
           Antonio                          5  "
           Guadalupe                        4  "
           María                            3  "
           María de Candelaria             10 meses
   Viviente - María GOMEZ                  60 años
Casa de Thomás DE ESCALANTE                30  "
   Barbara DE LAGOS (madre?)               51  "
   Hijos - Roque                           30  "
           Mathías                         20  "
           Bárbara                         17  "
Casa de Juan RODRIGUEZ                      36  "
   Esposa - Ygnes DE AYALA                 25  "
   Hijos - Simón                            3  "
           Manuel                           1  "
Casa de Pédro DE ARISTY                     32  "
   Esposa - Hipólita DE AYALA             33  "
   Hijos - Theresa                          3  "
```

```
                Estebán                                   2 años
                Marcelina                                 1  "
Casa de Miguel SERRANO, alférez                          71  "
  Esposa - María DE CHAVARRIA                            39  "
  Hijos - Paula                                          16  "
          ??                                              9  "
  Esclavos - Juan                                        50  "
             Josepha                                     16  "
Casa de Juan Antonio DE ALMAGUEY                         25  "
  Esposa - Juana SERRANO                                 22  "
  Hijos - Phelipa                                         7  "
          Benito                                          6  "
          María Francisca                                 3  "
          María                                           2  "
Casa de Antonio SERRANO                                  21  "
  Esposa - María GONZALEZ                                18  "
  Hijo - Alvaro                                          10 meses
Casa de Manuel BATISTA                                   31 años
  Esposa - María Caridad SERRANO                         25  "
  Hijos - María Theresa                                   8  "
          Miguel Fructuoso                                6  "
          Pablo                                           2  "
          Manuel                                          1  "
  Esclavo - Pedro                                        30  "
Casa de Basílio DE LA PENA                               46  "
  Esposa - Juan DE CHAVARRIA                             38  "
  Hijos - Juan                                           16  "
          Joseph                                         14  "
          Michaela                                       12  "
          Catharina                                      10  "
          Ysabel                                          8  "
          Ana                                             5  "
          Concepción                                      4  "
          María Jacinta                                   3  "
          Basílio                                         2  "
          Juana                                           1  "
  Esclavos - Antonio                                     25  "
             María                                       29  "
             Alexandro                                    2  "
Casa de Joseph AGUILERA                                  40  "
  Esposa - María DE LA CRUZ                              49  "
  Hijos - Pedro Nolasco                                  12  "
          Salvador                                       10  "
          Francisco                                       7  "
          Isidoro                                         3  "
Casa de Juan Ignacio DE AGUILERA                         21  "
  Esposa - Juana CALCETAS                                16  "
  Familiares - Juan Salvador DE OSORIO                   20  "
               Ysabel DE AGUILERA(esposa)                18  "
Casa de Diego GALINDO                                    39  "
```

```
Esposa - Michaela DIEGUEZ                          20  años
Hijos - Santiago                                    3   "
        Silvestre                                   1   "
        Ysabel                                     10  meses
    Familiares - Jaime SANCHEZ                      25  años
                 Juana DIEGUEZ (esposa)             23   "
                 María (hija)                        3   "
                 Gerónimo (hijo)                     1   "
                 Juan DIEGUEZ                        45   "
                 Juana PUPO (esposa)                 30   "
                 Manuel (hijo)                       21   "
                 Marcos     "                        13   "
                 María (hija)                         8   "
                 Gerónimo (hijo)                      6   "
                 Catharina (hija)                     3   "
Casa de Joseph ESPINOSA                             38   "
    Esposa - Fabiana DE BANGAS                      34   "
    Hijos - Antonia                                  9   "
            Ursula                                   1   "
            Sebastiana                               5  meses
Casa de Juan DE YRULA ó YRUTA                       60  años
    Esposa - Antona DE AYALA                        35   "
    Hija - María                                     7   "
Casa de Manuel DE AYALA                             25   "
    Esposa - Clara MARTIN                            19   "
    Hijo - Juan Ventura                              1   "
Casa de Cresencio BORRERO                           32   "
    Esposa - Ana María DE AYALA                      25   "
    Hijos - Pedro                                   10   "
            Martín                                   4   "
            María                                    2   "
            Lucas                                    1   "
Casa de Miguel GONZALEZ DE RIVERA                   25   "
    Esposa - Francisca DE LA TORRE                   21   "
    Hija - Margarita                                 3  meses
    Esclavo - Manuel                                40  años
    Familiares - Fco. GONZALEZ DE RIVERA            30   "
    Esclavos - Michaela                             20   "
               Fernando                              3   "
               Bernabela                             2   "
               Theodoro                             10  meses
Casa de Juan INGENIO                                60  años
    Esposa - Ysabel ARIAS                           41   "
    Hijos - Rosa María                              23   "
            Manuel                                  11   "
            Catharina                                6   "
    Esclavo - Francisco                             25   "
    Viviente - Lucas ARIAS                          60   "
Casa de Salvador GOMEZ                              25   "
    Esposa - María de Santiago                      20   "
```

61

```
Hijos - Simón                                      3 años
        Francisca                                  2  "
Vivientes - Bartolomé GOMEZ                       52  "
            Joseph GOMEZ                           16  "
Casa de Manuel GOMEZ, capitán                      49  "
Esposa - Josepha VAZQUEZ                           45  "
Hijos - Diego                                      18  "
        Manuel                                     15  "
        Ysabel                                     11  "
        Josepha                                     8  "
        Juana                                       7  "
        Ana de la Rosa                              5  "
Esclavos - Pedro Joseph                            23  "
           Joseph                                  30  "
Viviente - Joseph GARCIA                           20  "
Casa de Francisco SABLON                           30  "
Esposa - María Gregoria                            19  "
Esclavo - Miguel                                   19  "
Casa de Thiburcio PEREZ DE LA TORRE                39  "
Esposa - Ana DE CHAVARRIA                          32  "
Hijos - Catharina                                  16  "
        Joseph                                     11  "
        María                                       7  "
        Manuela                                     5  "
        Juan                                        2  "
Esclavos - María                                   42  "
           Diego                                   20  "
Casa de Diego DE AVILA                             63  "
Esposa - Salvadora DE LA TORRE                     59  "
Hijo - Francisco                                   18  "
Esclavos - Cristina                                10  "
Vivientes - Juan DE AVILA                          89  "
Su esclavo - Cristóbal                             27  "
Casa de Juan GONZALEZ DE RIVERA, capitán           36  "
Esposa - Catharina DE LA CRUZ                      22  "
Hijos - María                                       3  "
        María Ana                                   2  "
        Marceliana                             8 meses
Hijos del primer matrimonio - Gertrudis       15 años
                              Luis                  8  "
Esclava - Sabina                                   18  "
Viviente - Thiburcio BAYONA                        15  "
Casa de Francisco MILANES                          26  "
Esposa - Josepha RAMIREZ                           19  "
Hijos - Juan Lorenzo                                3  "
        Cristóbal                               5 meses
Casa de Blás ALVAREZ                               24 años
Esposa - Constanza ZAMBRANO                        15  "
Casa de Sebastián DE LA CRUZ                       29  "
Esposa - María BATISTA                             28  "
```

```
Hijos - Mathías                           8 años
        Leonor                            5   "
        Antonia                           4   "
        Phelipe                           2   "
        Martín                            7 meses
Familiares - Manuel DE ROJAS             26 años
             Antonia BATISTA (esposa)    20   "
             Juan Francisco (hijo)        2   "
             Bernardo (hijo)              2 meses
Casa de Andrés DE LA CRUZ                31 años
   Esposa - Salvadora DE LEYBA           29   "
   Hijos - Alexandro                      7   "
           Salvador                       4   "
           Cristóbal                      2   "
   Familiares - Salvador DE LEYBA        56   "
                Catharina DE GONGORA     53   "
                (esposa)
                Pedro (hijo)             20   "
Casa de Lorenzo DE LA CRUZ               30   "
   Joseph DE PUPO                        18   "
   Hijos - Margarita                      4   "
           Manuel                         3   "
           Ysabel                         1   "
   Esclava - María de la Soledad         18   "
Casa de Manuel PUPO                      31   "
   Esposa - Cayetana                     23   "
   Hijos - Clara                          5   "
           Manuel                         3   "
           Joseph                         1   "
Casa de Rodrigo GONZALEZ DE RIVERA       48   "
   Hijos - María                         12   "
           Juan                          10   "
           Josepha                        9   "
           Luis                           7   "
           Pedro                          5   "
           Rodrigo                        3   "
   Esclavo - Joseph                      26   "
Casa de Alexandro PUPO                   60   "
   Hijos - Simón                         30   "
           Ygnes                         26   "
           Raphael                       20   "
           Cristóbal                     13   "
Casa de Juan DE ZALDIVAR (orig.dice      31   "
                SALDIVAR)
   Esposa - María Josepha                21   "
   Hijos - Cristóbal                      3   "
           Manuel                         2   "
   Criados en casa - Nicolás              2   "
                Miguel Manuel             1 mes
Casa de Alonso DE AGUILAR                24 años
```

```
Joseph MONTERO                                      29 años
  Hijos - Julián                                    14   "
          Manuel                                    10   "
          Juana                                      6   "
Casa de Lorenzo DE AGUILAR                          27   "
  Esposa - María ROMANA                             26   "
  Hijos - Ysabel                                    11   "
          Alonso                                     8   "
          Cecilia                                    6   "
          Manuel                                     2   "
          Phelipe                                    1   "
Casa de Matheo DE ESCALONA                          50   "
  Esposa - Salvadora DE LA CRUZ                     48   "
  Hijos - Juan                                      23   "
          Joseph                                    22   "
          Joaquín                                   19   "
          Juana                                     15   "
          Magdalena                                 13   "
          Juana María                               10   "
          Ysabel                                     9   "
  Familiares - Joseph RICARDO                       18   "
               Salvadora                            16   "
Casa de Manuel THOLEDAN?                            36   "
  Esposa - Cayetana CABRERA                         18   "
  Familiares - Luisa DE CHAVARRIA                   50   "
               Francisco (hijo)                     23   "
               Tiburcio (hijo)                      20   "
               Margarita (hija)                     14   "
               María (hija)                         12   "
               Alexandra (hija)                      9   "
               Pedro (hijo)                          7   "
Casa de Jacinto ROQUE                               35   "
  Esposa - Ana DE AVILA (orig.dice ABILA)           23   "
  Hijos - Guadalupe                                  6   "
          Manuel                                     4   "
          Manuel Joseph                              2   "
          Francisco                                  1  mes
Casa de Diego DE AVILA (orig.dice ABILA)            36 años
  Esposa - Juana GONZALEZ                           31   "
  Hijos - Michaela                                  15   "
          Blás                                       5   "
          Rosalía                                    2   "
          Josepha                                    2   "
  Esclavos - Francisco                              20   "
             Cristóbal                              18   "
             Domingo                                30   "
             Thomasa                                12   "
             Josepha                                10   "
Casa de Salvador HERNANDEZ                          30   "
  Esposa - Phelipa DE LA CRUZ                       28   "
```

```
Hijos - María del Carmen                    12 años
        Francisco                            9  "
        Ignacia                              7  "
        Miguel                               5  "
        Phelipe                              2  "
Familiares - Gerónimo PUPO                   20  "
             María GONZALEZ (esposa)         19  "
             Juan (hijo)                      3  "
             María Gertrudis (hija)           2  "
Casa de Luis VELAZQUEZ                       29  "
   Esposa - Ursula DE ESCALONA               25  "
   Hijos - Fructuoso                          3  "
           Juan                               2  "
           Silvestre                         6 meses
   Esclava - Theodora                        12 años
Casa de Manuel DE LA VEGA                    23  "
   Esposa - María DE LA CRUZ                 20  "
Casa de Lucas ESCALONA                       46  "
   Esposa - Juana María ESTACIO?             36  "
   Hijos - Juan Salvador                     10  "
           María del Rosario                  2  "
   Familiares - Ciprián GARCIA               51  "
                Nicolasa DE ESCALONA         27  "
                        (esposa)
                María (hija)                  2  "
Casa de Luís RICARDO                         26  "
   Esposa - Juana SANCHEZ                    25  "
   Hijos - Manuela                           10  "
           María                              9  "
           Luis                               7  "
           Phelipe                            6  "
           Beatríz                            1  "
   Familiares - Pedro SANCHEZ                56  "
                Juana VELAZQUEZ (esposa)     49  "
                Juan (hijo)                   20  "
                Ygnacia (hija)               19  "
                Josepha    "                 15  "
                María (hija)                  12  "
                Francisca (hija)             10  "
                Pedro SANCHEZ, el mozo       23  "
                Ana María DIEGUEZ (esposa)   18  "
                Domingo (hijo)                1  "
Casa de Ambrosio DE ESCALONA                 55  "
   Esposa - Ysabel BATISTA                   48  "
   Hijos - Ambrosio                          18  "
           Miguel                            16  "
           Dionisio                          13  "
           Joseph                             9  "
           María                              8  "
Casa de Santiago ALDANA                      24  "
```

65

```
Esposa - Ana María CHAVARRIA                    25 años
Hijos - Josepha                                  8  "
        Manuel Joseph                            5  "
        Antonio                                  3  "
        Basilia                                  1  "
Esclava? - María                                20  "
Vivientes - Agustín VELAZQUEZ                   21  "
            Clemente                            18  "
Familiares - Juan Crisóstomo DE ALDANA          40  "
             Paula LOPEZ                         52  "
Hijos de J.C.DE ALDANA y P.LOPEZ???
             Mario                               16  "
             Cayetano                            13  "
             Theodora                             9  "
             Michaela                             6  "
Casa de George MOYA                             50  "
   Esposa - Bernardina DE LA TORRE              40  "
   Esclava - Augustina                          16  "
   Familiares - Pedro DE MOYA                   30  "
                María MARQUEZ (esposa)          25  "
                Juan MANACAYBO                  35  "
                Catharina PAXAM? (esposa?)      20  "
                Juan Joseph (hijo)              5  "
                Rosalía (hija)                   3  "
                Pedro (hijo)                     1  "
Casa de Juan Antonio LEANDRO                    35  "
   Esposa - María de la Asención (sic)          26  "
   Hijos - Joseph                                6  "
           Patricio                              4  "
   Viviente - Antonio                           18  "
Casa de Andrés DE CASTRO                        32  "
   Esposa - María ZAMBRANA                      45  "
   Viviente - Matheo                            30  "
Casa de Diego GOMEZ                             64  "
   Esposa - María VAZQUEZ                       56  "
   Hijos - Manuel                               29  "
           Bernardo                             25  "
   Esclavo - Juan                               28  "
   Viviente - Manuel DE LUGO                    50  "
Casa de Francisco DE CESPEDES                   50  "
   Esposa - Ana Antonia                         39  "
   Hijos - Salvador                             18  "
           Leonor                               16  "
           Diego                                12  "
           María                                10  "
           Theresa                               9  "
           Juan Joseph                           7  "
           Juan                                  1  "
   Esclava - Catharina                          28  "
Casa de Joseph DE LA CRUZ                       48  "
```

```
Esposa - Ana DE ESCALONA                        41  años
Hijos - Alonso                                  18   "
        Esteban                                 16   "
        Joseph                                   9   "
Esclavo - Joseph                                23   "
Viviente - Gabriel                              27   "
Casa de Antonio DE LA CRUZ                      31   "
  Esposa - María DE LA ROSA                     28   "
  Hijos - Valentín                              19   "
          Marcelina                              7   "
          Martín                                 5   "
  Familiares - Phelipe DE LOS REYES             54   "
               María GUZMAN                      56   "
               Juan (hijo)                       13   "
               Claudio (hijo)                    11   "
               Juan DE MORALES                   50   "
               Anastacia (esposa)               49   "
               Julián (hijo)                     18   "
               Leonardo (hijo)                   14   "
               Theresa (hija)                    12   "
               Matheo MORALES                    28   "
               Ana María VELAZQUEZ
                         (esposa)               20   "
               Graciana (hija)                    1   "
               Emenegilda (esclava)             17   "
Casa de Agustín CHAVARRIA                       32   "
  Esposa - Juan DE PENA                         27   "
  Hijos - Fernando                               7   "
          Ursula                                 6   "
          Gabriel                                5   "
          Lorenzo                                3   "
          Angela                                 1   "
  Esclavos - Claudio                            14   "
             Casimiro                           21   "
  Viviente - Matheo TORUSA?                     35   "
  Familiares - Esteban RONDON                   58   "
               Gerónima (esposa)                39   "
               Manuel (hijo)                      7   "
               Cristóbal (esclavo)              28   "
               Lorenzo GOMEZ (viviente)         22   "
               Vicente                          30   "
Casa de Catharina ARIAS                         42   "
  Hijos - Juan Joseph                           13   "
          Luis                                  11   "
  Viviente - Juan DE ARGUELLO                   26   "
Casa de Juan CANDELARIO                         30   "
  Esposa - María DE LA PAR?                     23   "
  Hijos - Narciso                               12   "
          Leocadia                              10   "
          Theresa                                7   "
```

67

```
Familiares - Salvador GALLARDO            82 años
            Pedro (esclavo)               50   "
            Mathías (esclavo)             20   "
            Gregorio DEL REAL(viviente)26    "
            Jacinto DEL REAL      "       23   "
            Miguel DE PENA                35   "
            Beatríz (esposa)              28   "
            Rosa María (hija)             12   "
            Elegio (hijo)                 10   "
            Bárbara (hija)                 8   "
            Viviana    "                   6   "
            Manuel HERNANDEZ (viviente)   ?    "
Casa de Salvador DE ENRIQUEZ              29   "
    Esposa - Francisca DE ALDANA          48   "
    Hijos - Efigenia                      13   "
            María                         11   "
            Thadeo                         9   "
    Familiares - Cristóbal RODRIGUEZ      37   "
                 María PUPO               51   "
                 Catharina (hija)         12   "
                 Pedro Joseph (hijo)       9   "
                 "   Francisco (hijo)      6   "
                 Angela Rosalía (hija)     3   "
                 Juan (hijo)               1   "
                 Gregorio LOPEZ (viviente) 10  "
Casa de Domingo HURTADO DE MENDOZA        35   "
    Esposa - Catharina HERNANDEZ          28   "
    Hijos - Rosa María de la Concepción    8   "
            Juan Manuel Thadeo             5   "
            Gabriel Narciso                3   "
            Manuela Josepha               6 meses
            Angela Micaela                 6   "
    Familiares - Joseph PUPO              30 años
                 Beatríz RODRIGUEZ        18   "
                 Pablo GUTIERREZ (viviente) 54 "
Casa de Joseph DE LOS SANTOS              40   "
    Esposa - Lucía DE GONGORA             16   "
    Hijos del padre - Cristóbal            9   "
                      Pedro                6   "
                      Gregorio             5   "
                      Ana                  1   "
                      Josepha Antonia     4 meses
    Viviente - Luis DE ESCOBAR            38 años
    Esclavo - Benito                      31   "
Casa de Thoribio SANCHEZ                  46   "
    Hijos - Manuel Joseph                  4   "
            Patricio                       2   "
            Raphael                        1   "
    Familiares - Francisco DE CABRERA     90   "
                 Theresa                   86   "
```

```
Ignacia (hija)                   30  años
Margarita (hija)                 17   "
Juan (hijo)                      16   "
Antonio (hijo)                   12   "
Silvestre (esclavo)              30   "
Pablo RAMOS (viviente)           50   "
Pedro MELO (viviente)            36   "
Joseph Dionisio (viviente)       20   "
Vicente CASTELLON(viviente)      40   "
Xavier GUERRERO                  35   "
Marta DE LA CRUZ (esposa)        20   "
Bartholo (hijo)                   8   "
Guillermo (hijo)                  6   "
Antonio (hijo)                    5   "
Gaspar (hijo)                     2   "
Cristóbal RODRIGUEZ,el mozo      17   "
Juana Gregoria                   16   "
María Manuela                     1   "
```

1737

Región central de Cuba

Matrícula de los hatos e ingenios levantada por orden del gobernador J.F. GÜEMES HORCASITAS, 1737. Dicho padrón abarca varios lugares en las provincias de Las Villas y Puerto Príncipe (69).

Jurisdicción de Puerto Príncipe

Lcdo.Alonso DE AGÜERO, Santiago DE AGÜERO, Mariana DE AGÜERO ZAYAS, Emeterio DE ARRIETA, Gaspar DE BETANCOURT, Juan BORRERO, alguacil mayor, Lcdo. Antonio BORRERO, Carlos BRINGUES, el mozo; Julio FERNANDEZ DE LA TORRE,Tomás GERALDO, Lázaro GORMAN, Asencio GUERRA, Alonso Manuel HIDALGO, Francisco DE MIRANDA, Juan DE NAPOLES,Aldonza DE ORTEGA, Eugenia DE ORTEGA, María DE ORTEGA, Pbro. Nicolás PORRO, Bernarda DE PROENZA, Cayetano DE QUESADA, Pedro RECIO, Theresa REGOITIA, Isabel SANCHEZ, Francisco DE SOCARRAS,Pbro.Juan DE SOCARRAS, Ana DE LA TORRE, Cristóbal DE LA TORRE,Alonso TOZO,Adrián USATORRES, depositario general; Agustín DE VARONA, Francisca DE VARONA, Juana DE VARONA, Elena DE VARONA, María DE VERGARA, Theresa DE VILORIO,Francisco DE VELASCO AGÜERO, Francisco DE VELASCO BARRERA, Francisco DE VELASCO MIRANDA, Juan DE VELASCO BARRERA, Pedro VELES, Agustín DE ZAYAS, Fernando DE ZAYAS TORRE, Francisca DE ZAYAS, Juan DE ZAYAS PINA, María DE ZAYAS, Pedro DE ZAYAS.

Jurisdicción de Sancti Spiritus

Silvestre ALONSO, Pedro DE AQUINO, Diego DE CANIZARES, Agustín DE CASTANEDA, Miguel COMPANON, Bartolomé CHASO, Domingo DIAZ DE LA VEGA, Juan FARFAN DE LOS GODOS, Pantaleón FERNANDEZ, Francisco GARCIA, Diego GONZALEZ DE LARA, Ambrosio DE GUZMAN, Gregorio DE GUZMAN, Pedro DE IBARRA, Joseph MARIN, Tiburcio MARIN, Francisco MARTINEZ, Eusebio MOLINA, Pbro.Nicolás OROPESA, Ignacio PHELIS, Mario PHELIS, Fernando DE PINA ZELIS, Nicolás PONCE, Severino PONCE, capitán; Juan DE QUINONES, Antonio RAMIREZ, Urbano DE REGOITIA, Francisco RODRIGUEZ, Pedro RODRIGUEZ DE CASTRO, Gerónimo RODRIGUEZ VANEGAS, alcalde (1); Juan DE VALDIVIA, regidor; Patricia VARELA, Pedro VENEGAS.
(1) Dato proporcionado por el cultísimo jóven
     Hans C. DE SALAS y DEL VALLE.

Jurisdicción de Trinidad

Márgenes de los ríos Macana y Táyaba: Joseph GONZALEZ DE OSORIO,capitán; María de la Candelaria GUTIERREZ, Antonio DE LOS REYES CARVAJAL, Nicolás de Pablos VELES.

En tierras del corral Caycabán: Vicente ALFONSO DEL MANZANO, capitan; Faustina CASTELLANOS, Juan MARTIN MONTANCHES, Martín DE OLIVERAS, sargento; Diego DE SERQUERA.

En tierras del corral Calasna: Joseph MARTIN DEL CASTILLO, alférez; Justo PEREZ PACHECO, Felipe PONCE.

En tierras del corral Sabanilla: Joseph GARCIA DEL CERRO, alférez mayor; Felipe DE OQUENDO, Pedro Leonardo DE SOTO.

En tierras del corral de Nagua: Mariana DOMINGUEZ.

En tierras del corral Manacas: Pedro RODRIGUEZ, capitán.

En tierras del corral Caracusey: Antonio GUTIERREZ, moreno libre y capitán.

En tierras del corral Palmarejo: Herederos de Juan GUTIERREZ DE IGLESIAS.

Jurisdicción de Remedios

Juan Antonio FERRER, ingenio San Gerónimo; Joseph DE MOYA, ingenio Las Vueltas; Andrés RODRIGUEZ, ingenio El Gallego; Beatríz DE ROJAS, ingenio Jiquibú.

Jurisdicción de Santa Clara

Felipe DE ACOSTA, provincial de la Santa Hermandad; Joseph DE AGUILA, capitán; Julián DE ALBA, Julián HURTADO, hermano; Domingo JOSEPH, Felipe JURTADO (sic), Isidoro LOPEZ, Manuel DE MOYA, Antonio PEREZ, Juliana RODRIGUEZ, Bárbara DE SALAS, Martín DE VEITIA.

1748

Santiago de Cuba

Mercedes de tierras y solares otorgadas por el Cabildo de Santiago de Cuba (70).
María DE FLORES - viuda, un solar en la calle de la Palma.
María DE LA CRUZ - parda libre, un solar en la calle del Angel.
Felipe DE LUNA - pardo libre, un solar casa mirando a la calle del Angel que va a la de Sabana Nueva.
Dominga RODRIGUEZ - viuda, un solar en la calle de la Palma.
Josefa ROMERO - viuda, un solar en la calle de la Palma.

1749

Santiago de Cuba

Mercedes de tierras y solares otorgadas por el Cabildo de Santiago de Cuba (71).
Jerónimo DE LOS REYES - solar en el barrio de Juan Salvador.
Margarita DE PENA - solar en la calle que baja de Ntra.Sra.de los Dolores hacia el norte.
José MENDOZA - solar en el barrio de Santa Lucía.
Juan Nicolás DE ESPINOSA - solar en el barrio de Santa Lucía.
José Jacinto MONTENEGRO - solar en el barrio de Santa Lucía.
Juliana DE CASTRO - solar en el barrio de Sta.Lucía
Ana MEDRANO - viuda de Francisco ARRIOLA, solar en el alto de Ntra.Sra.de los Dolores.

Juan de VILLARREAL - solar en la entrada del camino de Mao.

Pbro.Cristóbal DE NAPOLES - solar en el barrio de la Sabana Nueva.

Bernardo MOREYRA - solar en la entrada del camino que va a Santa Inés.

Juana DEL POZO - solar en el barrio de la Sabana Nueva.

Ignacia DE LA LUZ - solar en el barrio de Matachín.

Antonio BORRERO - pardo libre, solar en la entrada del camino que va para el ingenio de San Antonio.

Juan Manuel CANO - solar en la calle de Boca Hueca.

Francisco LOPEZ DEL CASTILLO - dos solares al fín de la calle de Santa Lucía.

Manuel VERDECIA VAZQUEZ - un solar en la entrada del camino que va para el ingenio de Santa Inés.

Agustín MENDOZA - licencia para fabricar al fín de la calle San Félix.

Luis GIRON - pardo libre, licencia para fabricar al fín de la calle San Félix.

María Antonio DEL POZO - parda libre un solar para fabricar rancho para ella y su hija doncella en el barrio de Matachín.

Javier RAMIREZ - un solar en el barrio de la Sabana Nueva.

María DEL SOCORRO - parda libre, un solar en el camino de Mao.

Rita DE VILORIO - parda libre, solar en el barrio de la Sabana Nueva.

Bernarda SANCHEZ - solar en la calle que va a la iglesia de Santa Lucía.

Manuel MUNOZ - solar en el barrio de Ntra.Sra. de los Dolores.

Juan Gregorio ISASI - solar en la entrada del río del Pozo del Medio.

Petronila DE LA SOLEDAD - un solar en el barrio de Juan Sálvador.

Bernardino DE ARAUJO - un solar en la calle que va a Santa Lucía.

1763

La Habana

Relación de los oficiales de las milicias disciplinadas de La Habana en diciémbre 1763 ensenando la edad (72).

Regimiento de Caballería-voluntarios:Martín Esteban DE AROSTEGUI, coronel, 43 años; Juan O'FARRILL, 42, teniente coronel; capitanes-Juan Tomás DE JAUREGUI, 40; Jose DE .LA TORRE, 56; Martín DE ZAYAS, 48; Nicolás CHACON, 47; Ambrosio DE JUSTIZ, 39; Felipe Jose DE ZEQUEIRA, 34; Esteban DE LA BARRERA, 32; Juan NUNEZ DEL CASTILLO SUCRE, 28; Nicolás DE CARDENAS, 27; Manuel MORALES, 25; Miguel Antonio DE HERRERA, 24; José GARRO, 22; Martín Tomás DE AROSTEGUI.

Regimiento de infantería-voluntarios:Luis DE AGUIAR coronel, 43 años; Francisco José CHACON TORRES, teniente coronel, 51;capitanes del primer batallón-Francisco DE CARDENAS, 46;José ZALDIVAR, 42;Melchor ARMENTEROS; Esteban PORLIER, 49; Francisco BRUNON, 36; Rafael CARDENAS, 44; Ignacio PENALVER, 26; Miguel COCA, 22; Tomás AROSTEGUI, 17; subtenientes-Francisco CASTELLON; Antonio DUARTE, 29; Manuel DUARTE, 36; Juan DE SANTA CRUZ, 19; Juan DE JUSTIZ; Anastacio ARANGO, 22; Mauricio MOLINA, 23; Hubaldo DE COCA, 20; Juan DE SANTA CRUZ, 19; abanderados-Manuel DE ZAYAS, Joaquín DE ZAYAS.

Guanabacoa

Padrón de las familias de La Florida que estaban auxiliadas a causa del cambio con los Ingleses de La Florida por La Habana. (La división entre grupos de nombres separa los grupos familiares como aparecen en el original) (73)

Nombres	Hijos
Antonia DE REYES	
" ANGULO	
Rosa ANGULO	2
Juana PEREZ	1
Juan IZQUIERDO	
Gregoria RONQUILLO	2
Rita Concepción DE GROGAN	
Margarita Josepha DE GROGAN	
Angela Dolores DE GROGAN	
María Agustina CLARA	2
Pedro URSARRIA, negro esclavo	
Augustina PEREZ	
María Antonia TOSPO?	1
Petronila RUSTA	
Ana PEREZ (murió el 29 de noviembre de 1763)	

Antonia CLOS, huerfana
Nicolaza GOMEZ, viuda
Antonia VALERA,   "
Barbara VILCHES, huerfana
María CAR, con un huerfano
María Gertrudis NIETO
Francisco NIETO
Francisca BENITES, viuda

Alemanes
María Catharina DE LA CRUZ, parió un niño el 3   de
                    febrero de 1764.
Juan DE LA CRUZ
María Bárbara
Jorge CRUZ
María Magdalena   1
Ana Luisa
Pedro PICLE
Rosa PICLE, parió un niño el 1 de diciembre de 1763
Pedro Antonio PICLE
Juan Thomas PICLE
Juan Gaspar PICLE
Melchor BAEZ
Ursula BAEZ
Joseph BAEZ
Melchor BAEZ, menor
Juan BAEZ
María Ysabel BAEZ
(Nota: El   apellido de   esta familia es BLANCO y no
BAEZ. Su apellido es   BRAUS en Alemán que dice
equivale a BLANCO en español)

Indios
Manuel DE RISO, murió el 30 de noviembre de 1763
Francisco Luís DE CARACAS
Antonia TULAFINA, murió el 26 de nero de 1764
Ana María CARACAS   .   2
(los 2 hijos murieron el 31 de enero de 1764)
Antonio LAVERA
Cecilia CARACAS   3
(2 hijos murieron el 27 de enero de 1764)
Diego DE LA VERA
María Dolores DE LA VERA
Miguel GORRERO
María Manuel PALMA
Francisca María, su ?
Juan Alonzo GUTIERREZ
Francisca CUESTAS,murió el 30 de noviembre 1763 1
(el hijo murió el día 30 del mismo mes) (Francisca
había parido otro hijo antes de morir)

Francisca XAVIERA GUTIERREZ
Miguel PHELIPE
María Ursula FERNANDEZ   1
(la hija murió el 30 de noviembre de 1763)
Lorenza SOLANA
Margarita LA CRUZ
Justa Rufina
Juan SANCHEZ
Josepha DOMINGUEZ
Leocadia SANCHEZ
María Concepción JARAMO, murió el 30 de noviembre
                        1763
Joseph SANCHEZ
Juan ALONZO
Rosa FULIPARCA
Juan Josepha CARACAS
Francisco ORTEGA
Juan PASQUA
Antonio CASIQUITO
Diego MONSON
María Catharina ASCENCIO, murió el 30 de noviembre
                        1763
María Antonia DE LA CRUZ
María Candelaria ASCENCIO, murió el 30 de noviembre
                        1763
Francisco SACAFIESTAS
Merencia DE LA CRUZ   1
María Inés de la Encarnación
Patricio URIZA
Francisco Xavier VICENTE
Francisco DEL CASTILLO, murió el 12 de noviembre de
                        1763
María Augustina
Francisco Xavier ANSELMO
Ana María URIZA
Miguel DE LOS SANTOS
Lucía Catharina URIZA
María de los ?   2
María de la Concepción URIZA
Manuel MARCELO
Mariana MARCELO
Cayetano MENDEZ
María ASCENCIO
Lorenzo Joseph URIZA
Manuel CALISTRO
Margarita RIVERA, murió el 8 de diciembre 1763
Lorenzo LAZARO, huérfano
María CHRISOSTOMO, murió el 31 de diciembre 1763
María del Carmen MANREZA, idem
Antonia CHRISOSTOMO   3

(Antonia y 2 hijos murieron el 28 y 31 de diciembre de 1763)
Rosa MANREZA
Diego MANREZA
María de la Concepción SOLANO
María Candelaria CHRISOSTOMO, murió el 18 de   3
    enero de 1764 (La ayuda a esta familia se
suspendió el 24 de enero de 1764.)
Manuela Josepha   1
Andrea María, murió el 17 de nero de 1764
Juana RONDON
María SANTOS   2
Barbara Josepha María
Margarita Xaviera de Jesus
Antonia ESPINOSA
Mariana Francisca   1
(la hija murió el 18 de enero de 1764)
Ana María, su ?
Magdalena MANACA, murió el 16 de diciembre de 1763

Otras familias
María Gertrudis PONCE   3
Marcos ALVAREZ
Luisa ALVAREZ
Josepha Concepción ALVAREZ
Juan RODRIGUEZ ADRIAN, murió el día 20 (sin
    especificar el més ó año)
Justa Petrona ORDANA
Gabriela Josepha SANCHEZ
Manuela CONCEPCION ADRIAN
Juana Francisca DE ORTA   1
Nicolás MARTINEZ SANCHEZ
Clara HERNANDEZ   2
Francisco MARTINEZ
María RAMOS
Hilaria HERNANDEZ
Juan MARTINEZ
María DE NIEVES
Bartholomé MARTINEZ
Antonio MONRROY
María GALINDO
Pedro Antonio ORTEGA
Josepha MONROY
Rosa MONROY
Francisca MONROY
Juan DE ABRANTES
Lorenza QUINTANA   2
Ester PEÑATE
María Tarta.CARREÑO
Margarita de la Concepción

Pedro DE ROJAS MARRERO
María del Carmen
Mathías HERNANDEZ BENCOMO
Juana NUNEZ FARINTA   1
(la hija murió el 22 de diciembre de 1763)
Joseph Ascencio HERNANDEZ, murió el 19 de enero de
                              1764
Salvador HERNANDEZ
María NUNEZ, murió el 16 de febrero de 1764
Joseph PEREZ, murió el 26 de noviembre de 1763
Bernarda BRITO
María BRITO
Diego LOZANO
Francisca Alonza ZEBALLOS   1
Joseph QUINTANA
Catharina BENARZA (sic), murió el 12 de noviem- 3
                              bre de 1763
María del Rosario QUINTANA, murió el 1 de diciembre
                              de 1763
María Josepha QUINTANA
Diego SANCHEZ
Antonia ZEBALLOS   1
María SANCHEZ
Margarita SANCHEZ
Francisco SANCHEZ
Lázaro SANCHEZ
Juan SANCHEZ
María del Rosario   1
(murió la hija el 10 de diciembre de 1763)
Francisco Martín DE ACOSTA
Angel DE ACOSTA
Lorenza DE ACOSTA
María Candelaria DE ACOSTA
(la ayuda monetaria a esta familia fue suprimida el
14 de enero de 1764)
Gonzalo PADRON
Rita RODRIGUEZ   1
(la hija murió el 8 de febrero de 1764)
Josepha HERNANDEZ
Catharina María XIMENEZ   1
Francisca Xaviera XIMENEZ
Angel DE ESPINOSA
Manuela DE LA CRUZ
(Angel y Manuela murieron el 19 de diciembre 1763)
Diego DE ESPINOSA, murió el 26 de dicho mes y año
Angel DE ESPINOSA
Antonio DE ESPINOSA, volvio a la Florida
Joachin RODRIGUEZ
Ysabel RODRIGUEZ   1
(la hija murió el 8 de febrero de 1764)

Matheo RODRIGUEZ
Manuela RODRIGUEZ
Rosa RODRIGUEZ
Antonio BOZA
Theresa RODRIGUEZ
Diego BOZA
Juan BOZA
Domingo BOZA
María Gerónima DE CHAVEZ
Juana DE LOS SANTOS   1
Bartholomé Luis MORALES
Margarita ESQUIBEL
Augustina ESTEVEZ
Francisco Xavier ESTEVEZ
Manuela SANCHEZ   1
Manuel SANTA MARIA
Xavier SANTA MARIA
Juana DE ALIENDO   1
Francisca DE FLORES
Diego de los Santos BARRABI
María Bárbara, murió el 16 de febrero de 1764   1
Josepha MEXIAS, murió el 8 de diciembre de 1763
Antonio GARCIA
Thomaza NAVARRA
Josepha Francisca DE LOS REMEDIOS
Josepha Antonia de la Concepción
Francisco Ramón PERDOMO
María Josepha BETANCUR   3
(una hija murió el 8 de diciembre de 1763)
Domingo del Carmen PERDOMO
Gregorio Francisco PERDOMO
Dionicio Francisco PERDOMO
Manuel Antonio HERNANDEZ
Alejo DE LA CRUZ
María RODRIGUEZ TRILLANA, murió el 17 de diciembre
                        de 1763
Domingo Basilio DE LA CRUZ, murió el 2 de febrero
                        de 1764
Sebastián DE CASTRO
Juana DE CASTRO
Juan DE CASTRO
Luis BELTRAN RODRIGUEZ
María Josepha MAGROS   1
Felix RODRIGUEZ
Antonia RODRIGUEZ   2
Rosa Nicolasa
Melchor RODRIGUEZ
María DE LEON
María VENTURA
Pedro RAMOS

Jacinta Rosalía   1
Mathías Antonio RAMOS
Joseph DE BRITO
María del Carmen   1
Agustín? Antonio de la Ascension
Domingo Antonio DE BRITO
Joseph Antonio DE LA CRUZ
Francisca ESPINOSA
Francisco BETANCOURT CORRAL
María GONZALEZ   2
Juan CORRAL
Cristóbal DE FEBLES
Isabel ESPINOZA
Catharina DE FEBLES
María Candelaria DE FEBLES
Antonia del Carmen FEBLES
Juan DE FEBLES
Pedro HERNANDEZ
María de la Concepción
Joachin Antonio HERNANDEZ
Joseph Antonio HERNANDEZ
Pedro LOPEZ
María de Jesus   2
Manuel ALONZO MORALES
Juan DE MEDINA
María RAMOS
Nicolás MARTINEZ
Juan GUERRA
Rita BOLAÑOS   5
(un hijo murió antes del 31 de enero de 1764)
Juan Lorenzo
Franciso RODRIGUEZ
María DOMINGUEZ   2
Roque RODRIGUEZ
Francisco RODRIGUEZ
Juan Antonio RODRIGUEZ
Antonio MOLINA
María Antonia RODRIGUEZ
María del Pino LOPEZ
Antonio RODRIGUEZ
María RODRIGUEZ
Francisco FERRERA
Catharina DELGADO   2
María del Rosario FERRERA
Lazaro SANCHEZ
Lucía RODRIGUEZ (murió un hijo 22 de enero 1764)4
Angel DE LOS REYES
Juan SANCHEZ
Domingo Antonio SANCHEZ
Domingo SANCHEZ, menor

Lear? MONSON
Ygnacia María
Ana DE BRITO
María Josepha MONSON
Nicolasa Antonia MONSON
Bernardo del Carmen RIVERO
Beatrís Josepha BLANCO
Gabriela RIVERO
Bernardo RIVERO
María Josepha GARCIA   2
(murió un niño el 31 de octubre de 1763)
María Sebastiana DE LA CRUZ
María Magdalena   2
María GALLARDO
Joseph GALLARDO
Antonio CABALLERO
Ysabel HERNANDEZ   3
Francisco HERNANDEZ
Francisco HERNANDEZ, viejo, murió el 20 de octubre
_____de 1763
Ignacia GODOY
Melchora DE LOS REYES
Joseph GODOY
Joseph GONZALEZ DE AROCHA
Nicolasa María
Juan GONZALEZ DE AROCHA
Joseph Antonio GONZALEZ DE AROCHA, menor
Hilario Alonso DELGADO
Bernarda MERIN
Juan Adrian DELGADO
Amaro DELGADO
Francisco MONTES DE OCA
Catharina MATHEA
Rosalía MONTES DE OCA
Manuel MONTES DE OCA
Hilaria SEGURA   1
Juan Agustín SINOSA
Rita MENDOZA
Luis Antonio HERNANDEZ
María de la Concepción   1
Diego Antonio HERNANDEZ
Domingo HERNANDEZ
Nicolás HERNANDEZ
Sebastián HERNANDEZ
Antonio INFANTE
Lorenza María MACHADO
Domingo INFANTE
Silvestre INFANTE
Lázaro INFANTE
Lorenza NIETO, el hijo se llamaba Pablo   1

```
Pedro DURAN
Isabel ROMERO                                      1
Catharina DURAN
Antonia DURAN                                      1
María VEGA                                         3
Josepha QUINTANA
Margarita GARCIA
María DEL CASTILLO
Fulgencia DEL CASTILLO
Ana TOVAR
Candelaria HERNANDEZ                               1
Dominga TOVAR
María MONTES DE OCA                                2
(murió un hijo 8 de febrero de 1764)
Francisco Xavier NAVARRO
María Dolores NAVARRO
María NAVARRO
Fulgencia DE LEON                                  1
María MAGRO
Pedro MAGRO
Domingo MAGRO
Juan MAGRO
Josepha SANCHEZ                                    1
Rafael ESCOBEDO
Thomas ESCOBEDO
Lucía ESCOBEDO                                     1
Gertrudiz VILLAVERDE
Alfonso RODRIGUEZ
Aan PEREZ
Juana DE ARRIOLA
María de los Angeles ARRIOLA
María DE ARRIOLA
María Manuela ARRIOLA
Benito QUINTANA
Francisca VENTURA
Miguel Agustín QUINTANA
Miguel DE CASTRO                                   1
Ursula María DE CASTRO
Joseph QUINTANA
Manuela RODRIGUEZ
Antonio Cesar AMARO
Antonia MARRERO                                    1
Joseph Antonio MILLARES
María de la Concepción                             1
Gerónimo MILLARES
Thomas DE MORALES
María de los Remedios                             1
Mathías GUERRA
María ZERPA                                        2
Catharina MATHEO
```

Joseph GONZALEZ
Josepha Augustina DE SINOSA
Ana GONZALEZ
Francisca SANCHEZ   1
Juan SANCHEZ
Rita María
Joseph PEREZ
Martina SUAREZ
Pablo BENITEZ
Francisca DURAN
María Isabel DEAI?
Gregorio ALMEIDA
Joseph Antonio SUAREZ
Bárbara Concepción SUAREZ
María Rita SUAREZ
Francisco PAZAMO?
Rosalía SUAREZ, murió el 17 de enero de 1764
Francisco Xavier DE FARIAS, sargento
Pedro RODRIGUEZ, cabo
Francisco MELENDEZ
Juan Antonio HENI ó ILANI
Rosa MAGRO
Francisco GELTEZDO
Sebastiana PEREZ, huérfana

Regla

Familias de blancos
Diego RODRIGUEZ
Rosa PEREZ
Antonia RODRIGUEZ   1
Bernabe MELO
María MORALES   1
Alberto DE LLERENDO
Luisa GODOY   3
Ana SUAREZ
Pedro NUNEZ
María Candelaria
Joseph ROLO
Micaela CORDERO, murió el 31 de diciembre 1763   2
Francisco ROLO
Juan DE MEDINA
Andrea GODOY (tuvo otro hijo el 8 de enero 1764)1
Joseph SUAREZ
Estephania Francisca   3
(murió un hijo el 19 de octubre de 1763, murió otro
el 31 de diciembre de 1763)
Joseph Antonio LUGO
Antonia MONTES DE OCA   3
María LUGO

Joseph DELGADO
<u>María DE CASTRO</u>   3
Gerónimo HERNANDEZ
María del Rosario   3
<u>Joseph HERNANDEZ</u>
Juan DE MORALES
<u>María BRITO</u>   1
María DELGADO
<u>Arem? RAMOS</u>
Matheo MELO
Gregoria GONZALEZ   1
Gregoria MELO
<u>Rosalía MELO</u>
Francisco MARTIN
<u>María del Rosario HERNANDEZ</u>
Francisco MELENDEZ
<u>Catharina HERNANDEZ</u>   2
Lucía ESCALONA
<u>María DE LA ROSA</u>
Juan Mathias DELGADO
<u>Antonia María RAMIREZ</u>   2
Antonia DE ATIENDO, viuda   1
<u>María Francisca CARTELLA</u>

<u>Familias de pardos</u>
<u>Manuel DE SOTO, capitán</u>
Fermín HORRUITNER, subteniente
<u>María DE SOTO, su mujer</u>
<u>Esteban DE SOTO, alférez</u>
Marcelo DE CORDOBA, cabo
<u>Sebastiana DIAZ</u>
<u>Andrés HAVERO</u>
Joseph OROZCO
Juana Manuela ACEVEDO   3
Francisco OROZCO
<u>Juana OROZCO</u>
<u>Antonio CALIXTO</u>
<u>Manuel RUIZ</u>

<u>Familias de morenos</u>
Francisco MELENDEZ, capitán
<u>Ana ESCOBAR</u>
Antonio DE ELIGIO, teniente
Juana Victoriana, su mujer
María Antonia DE ELIGIO
<u>María DE ELIGIO</u>   2
<u>Francisco ESCOBEDO, alférez</u>
<u>Pedro GRAJALES, sargento</u>
Antonio GALLARDO, cabo
<u>María QUINTANA</u>   1

Thomás CHRISOSTOMO, cabo
Francisca RODRIGUEZ   2
Juan CHRISOSTOMO
Pedro DE LEON
Manuela GAVINO   1
María DE LEON
Micaela DE LEON
Pedro DE FUENTES
Juana RUFA
Francisco ROJO
Juan HERNANDEZ
María FLORA
Juan DE LA TORRE
Domingo DE JESUS
María del Rosario   3
Rosa ANZUCES?
María DE JESUS
Francisco MELENDEZ
María de los Angeles
Margarita MELENDEZ
Joseph ESCOBEDO
María DE LORETO
Francisco GRAJALES
Antonia BLANCO
Francisco DIAZ
Francisca GARCIA   2
Miguel DIAZ
Joseph VENTURA
Manuel RIVERA
Joseph DE PINA
Nicolás BRIONES
Francisco SURI
Joseph FERNANDEZ
María FERNANDEZ
Santiago SOLIS
María de los Dolores
Francisco DE TORRES
Juan RODRIGUEZ
Ana María MELENDEZ
Juan LAMBERTO, murió el 2 de diciembre de 1763
Antonio CARVALLO
Thereza GARCIA
Francisca GARCIA CEIBA
Ana María GARCIA
María GARCIA   1
María DE LOS SANTOS
Thomas RAMIREZ
Pedro MARTINEZ
Joachin DE BRITO
Margarita DE BRIZA

Antonio ORRUITINER (sic), teniente
Francisca BROZO?
Antonia IZQUIERDO
Domingo PERDOMO
Manuel Antonio HERNANDEZ
Gerónimo? MARTINEZ DE CUELLAR?
Tono.DE ROLO
Un niño de Miguel SANCHEZ

Morenos libres
? Thomas DE CASTILLA
? PEREZ DE LA NORA?
Juan CRISOSTOMO
Thomasa RONQUILLO   3
María PEREZ
María Antonia PEREZ
Francisca Xaviera PEREZ
Andrea SERRANO   3
Josepha PEREZ

Parroquia de Guadalupe

Estefanía TRABUDO, viuda
Leonarda ALDANA
Josepha TRABUDO, viuda
María CANTAL
Ana DE OTERO, viuda
Merenciana MENDEZ
Francisca MENDEZ
Eugenia MENDEZ
María DE LORETO   2
un niño
Francisca MURO, esclava
Juan Nicolás ROMAN, murió el 3 de enero de 1764
Francisca GRANADOS   1
Bárbara SANTOYO, huérfana
Francisca SANTOYO
Francisco MESA
Augustina SANTOYO, esclava   3
Pedro Joseph SANTOYO
María del Pilar SANTOYO
María BARRABI
Pedro DE FLORES
Ysabel DE FLORES
Antonia IZQUIERDO   2
María GONZALEZ, huérfana
Ambrosio RAMOS
Rita María IZQUIERDO
Joseph IZQUIERDO
Ana IZQUIERDO

Juana MORENO
Augustina TRABUDO
Elena ARTEAGA
Juana Dorotea ORTIZ
Francisco Xaviera SERRANO
Rosalía Benedicta SERRANO
Catharina de Jesus DE LOS HIJUELOS
María CORDERO
María de Jesus DE LA FUENTE   1
Antonio DIAZ, murió el de octubre de 1763
Manuela URRUTIA
María DE GUEVARA
María Jesus BARRABI   3
Francisco CANADAS   .
Thomasa CORDERO
Casimiro PEREZ
Agustín PEREZ
Nicolasa RODRIGUEZ
Beatriz RODRIGUEZ
Joseph BUJALANIVE?
María PEREZ
Joseph PEREZ
Petrona PEREZ DE LA ROSA, viuda de oficial
María ORTEGA   1
Luisa ORTEGA
Juan ORTEGA
Joseph RAZO, desapareció el 17 de diciembre de 1763
Ana MIRANDA, parió un niño el 2 de enero de 1764
Joseph DE LOS HIJUELOS, huérfano
Juan HORRUITINER
Margarita MONSON
Francisca Xaviera MONSON
Joseph María MONSON
Juan Joseph MONSON
Gabriela DE YTA
Juana DE YTA
Bernarda DE YTA
Manuela DE YTA
Josepha DE YTA
Ventura ORTEGA, capellán
Beatriz ORTEGA
Ysabel DELGADO, huérfana
Clemente HILARIO
María Luisa LAZO
? Josepha HILARIO
Ysidora HILARIO
Manuela HILARIO
Juana HILARIO
Antonio HILARIO
Ignacio HILARIO
Ana María PILARES   2

```
Juan DE AVILA, viuda de capitán
María BARRERA, su hija
Josepha BARRERA, su hija
Catharina DE AVILA, viuda del contador?
Ana Margarita PANIAGO, huérfana
Ana Ysabel CRAIS?
María Isabel, su hija
Lorenza SANCHEZ, viuda
Agrda.María LLERO ó OTERO                        1
Matheo DIAZ
Luisa GAVINO
Angela DIAZ                                      3
Antonia DE LA CRUZ RODRIGUEZ
Miguel SUAREZ
Vicente RODRIGUEZ
Gerónimo ESCOBAR
Cristóbal CABALLERO
Lucía ESPINOSA                                   3
Juana RODRIGUEZ                                  3
Romualda BUFALANSE?
Rita BUFALANSE?
Thomasa BUFALANSE
Bernarda RODRIGUEZ                               2
Rosalía GALLEGOS                                 1
Juana DE LA CRUZ
Joseph RICO, ciego
Joseph DE FRIAS
Juan DE ORTEGA, huérfano
Mari? Antonio ALEMAN
Francisco BARROSO
Juana BARROSO
Felipa BARROSO·
Antonia BARROSO
Rafael? BARROSO
Angel DEMEDA
María Felipa                                     1
Catharina Felipa
Antonio Silvestre AMEDA
Andrea MACIAS                                    2
Francisco PONCE DE LEON
Juan DE PAREDA, capellán
Ventura ORTEGA,      "
Agustín Gerónimo RECIO, capellán
Thomas Francisco CORDERO
Leonor GONZALEZ                                  3
Gregorio CORDERO
Ventura CALERO
Esteban CORDERO
María DEL PINO
Luisa RODRIGUEZ de ?
```

Anastacia FLORENCIA, viuda
Francisco DE AYALA
María de la Leche FERNANDEZ
Nicolasa DE LOSREYES
Catharina LOPEZ, huérfana
María ALVAREZ SANTIAGO
Luisa SALAMANCA
Josepha ESCALONA
Margarita SHEZ?, negra libre
Juan Thomas DE TRELDIMA

Francisca Paula	3
Juana PEREZ	1

Rita Anastacia HERNANDEZ
María Sav.? ALEMANA
Angela RODRIGUEZ
Agustín MAIORDOMO
Gerónima GARCIA, viuda

Melchora RODRIGUEZ	2

Francisca DE MEYRA
Blasa DE MEYRA

Antonia ABERG	2

Bárbara GUILLEN
María BLANCO
Pedro Joseph RODRIGUEZ

Ysadora DE YTA	3

Domingo ESCALONA
Juana QUINONES
Antonia ESCALONA(Estos trés últimos forman parte de
los ascendientes del autor)

Theresa OROZCO	2

María Gertrudis ESPINOSA
Antonia ESPINOSA
Miguel LOPEZ

Antonia GRAJALA	4

Joseph LOPEZ
Catharina DE YTA
María YANEZ

Micaela YANEZ	2

Luisa YANEZ
Alejo LAGUNA
Antonio LAGUNA

Pedro DELGADO	1
Gerónima SANTOYO	3

Melchora DE MESA
Joseph DE MESA
Juan Joseph DE MESA
Antonio MAN (alemán)
María CRUZ (alemana)
María MAN (alemana)

Pedro MAN (alemán)	2

Pedro DE TORRES
Petrona DIAZ
Manuel ALCANTARA
María DE TORRES   1
Diego CALLEJAS
Ana RODRIGUEZ   1
Luisa CALLEJAS
Antonio CALLEJAS
Francisco Paz? CALLEJAS
Francisco/a BIDEGARAY?   3
Manuela GARCIA, viuda   2
Ana María ALVAREZ
Francisco YANEZ
Alonso DE LA PARRA
Antonia DUENAS
Manuela SHEZ
Ureta? SHEZ
Laureana DE LOS REYES
Simón DE ORTEGA
Lorenza GUERRERO   1
Geronima SERRANO   1
Ramona SOLANA
Francisco SOLANA
Bárbara SOLANA
María DE TRISA?
Isidora TRISA?
Francisco DE CLOS
Antonia RODRIGUEZ
Joseph Antonio DE GUAPO
Isabel del Rosario
Juana de la Cruz
Rosa de la Cruz
Manuel de la Cruz
Margarita DEL OLMO   1
Basília MIRANDA   2
Matheo DE LOS HIJUELOS
Juan MUROS
Matenciana DE LOS RIOS   3
María del carmen PEREZ
Bernalda María PEREZ
Francisca Xaviera ROSAS
Antonia MONZON
María Isabel SOLANA
Antonia Josepha SOLANA
Francisco GOMEZ
Josepha DE SALAS   2
Rita CARDOSO
Ana CARDOSO
Pedro CARDOSO
Felipa CARDOSO
María CARDOSO   1

Juan PEREZ
Juan LEONARDO
María MIRANDA
Joseph Ramón DE TORRES
Francisca GALLARDO   2
Bernardo FLORENCIA   2
Juana JORDEN
María Josepha JORDEN
María FERRERA
María MARIN
Juan Joseph MARIN
Antonia MARIN
Domingo Salvador RODRIGUEZ
Rosa María RODRIGUEZ
Josepha DIAZ   1
Manuela REGIDOR
María GONZALEZ
Lucía DE CASAS
Francisca DE CASAS
María DE CASAS
Gregoria DE CASAS
Juana Antonia DE CASAS
Miguel DE CASAS
Joseph Anselmo DE CASAS
Francisca Xaviera   1
Rosa María JORDANA   1
Francisco CONTRERAS
Dorotea ANAYA   4
Bernarda CONTRERAS?
Pablo MIRANDA
Alfonsa DE ABERO   1
María MORENO
María Nicolasa, huérfana, nanigo (sic)
Manuela SHEZ   1
Manuel SANTA MARIA
Xavier SANTA MARIA
Juana María BAEZ   1
Mego.? de los Santos BARRABI

<u>1765</u>

La Habana

Censo de fabricantes de aguardiente.

Nombre	Residencia
ALVAREZ, Antonio	Emperador 54
BAZO, Luis	Ricla 81
BELLO, Teresa	Mercaderes 133
BORGES, Joseph Raymundo	Egido 119
CAZORLA, Bartolomé	La Habana 30

Nombre	Residencia
CONTRERAS, Cristóbal	Emperador 13
CORREA, José	Villegas 13
DELGADO, José	Villegas 136
" Joseph	Jesus María s/n
DOMINGUEZ, Juan	Acosta s/n
FELIPE, Diego	Luz 51
GONZALEZ, Félix	Emperador 54
" Nicolás	Astillero de Jesus María
HERNANDEZ, Joseph	La Habana 17
" Tomás	Egido 136
MIQUEL, Mateo	Puente Nueva (sic)
QUINTERO, Mateo	Merced 63
RODRIGUEZ, Blás	Villegas 100
" Juan	Obrapía 73
" Julián	Acosta 52
" DURANO, Nicolás	Villegas 131
ROQUE, Prudencio	Picota s/n
ROTITA, Tomás	Villegas 98
SALAS (DE), Francisco	Jesus María 108
SANCHEZ, Bartolomé	Egido 78
SARMIENTO, Matías	Merced s/n
" Nicolás	Monserrate 132
SOLER, Juan	Sol 87
VIERA (DE), Pedro	Tejadillo 48

(Lista proporcionada por el cultísimo jóven
Hans C. DE SALAS y DEL VALLE copiada del "Curioso
Americano", marzo 1920, pp.167-8).

1781

Relación de los oficiales de las milicias disci-
plinadas de La Habana en diciembre 1781 ensenando
la edad (74).
Regimiento de caballería-voluntarios: Juan Bautis-
ta VAILLANT, coronel, 45 anos; Esteban Jose DE LA
BARRERA, teniente coronel, 50; capitanes-Ambrosio
DE JUSTIZ, 57; Juan NUÑEZ DEL CASTILLO SUCRE, 46;
Miguel Antonio DE HERRERA, 42; Martín Tomás AROS-
TEGUI, 36; José Ricardo O'FARRILL, 32; Francisco
CALVO DE LA PUERTA O'FARRILL, 31; José DE ARREDON-
DO AMBULODI, 33; Ignacio MONTALVO AMBULODI, 33;
Miguel DE CARDENAS, 29; Luis BASABE, 27; Sebastián
DE LA CRUZ, 35; Tomás Domingo SOTOLONGO,31.

Regimiento de infantería-voluntarios: Francisco DE
CARDENAS, coronel, 64 anos;Antonio José DE BEITIA,
teniente coronel, 30; capitanes del primer batallón

José ZALDIVAR, 60; Juan Bruno DE ZAYAS, 36; Juan DE SANTA CRUZ, 37; Joaquín DE ZAYAS, 36; Miguel COCA, 46; Manuel DUARTE, 54; Anastacio ARANGO, 40; Mauricio MOLINA, 41; Hubaldo DE COCA, 38; subtenientes del primer batallón-Francisco MORALES, 37; Pedro ARMENTEROS, 37; Antonio GARCIA, 31; Lope MORALES, 33; José Remigio PITA, 32; José Manuel ZALDIVAR, 30; Nicolás VIAMONTE, 39; Juan DE URRA, 35; José Luis MEYRELES, 29; abanderado- Manuel José URRUTIA, 30; capitán del segundo batallón-José María CHACON HERRERA, 26.

1795

Jurisdicción de La Habana

Jueces Pedaneos	Lugar
Ambrosio PEREZ	Aguacate
Juan ROJO	Alvarez
Manuel GUERRA	Arroyo de Arenas
Francisco TOSCANO, teniente	" " "
Matías SANCHEZ	Bahia Honda
Juan VILLAVICENCIO, teniente	" "
Antonio FERNANDEZ	Bajurayabo
Francisco BLANCO	Batabanó
Jorge DE ROJAS, teniente	"
Juan DEL CASTILLO,	Bauta
Joseph GONZALEZ, teniente	"
Luis FARINA	Buenaventura
Juan GONZALEZ, teniente	"
Felipe DEL CRISTO	Calvario
Joseph MANRESA, teniente	"
Ricardo NUNEZ, teniente	"
Teodóro SARDINA	Caubal
Felipe LIMA	Cano
Manuel DE LIMA, teniente	"
Joseph FEBLES	Canóa
Joseph DIAZ	Consolación del Norte
Basilio MIRANDA, teniente	" " "
Antonio DIAZ	" " Sur
Pablo FERRO, teniente	" " "
Gaspar CHAPLE	Gabriél
Antonio ARREAGA	Gibacoa (sic)
Antonio ORTEGA, teniente	"
Francisco VILLENA, teniente	"
Francisco VALIENTE	Govéa
Antonio GONZALEZ, teniente	"
Felipe TAGLE	Guadalupe
Vicente PONZE, teniente	"

Jueces Pedaneos	Lugar
Joseph DE URRA	Guajaybón, Bane, Copey y Mosquitos
Joseph DEL VALLE, teniente	idem
Pedro LINARES	Guamacaro
Joseph BORJES	Guamutás
Agustín BORJES, teniente	"
Pablo BORJES, teniente	"
Pedro ALFONSO	Guayabál
Ignacio ALVAREZ, teniente	"
Joseph RODRIGUEZ	Guanajay
Pedro QUINTANA, teniente	"
Juan AMADOR	Guanabacoa
Pedro DE LOS REYES, teniente	"
Juan DE CORDOVA	Guatao
Miguel MORENO, teniente	"
Joseph SANTIESTEVAN	Guara
Luis GAVILAN	Guynes (sic), Sabalo?
Félix MARTINEZ, teniente	idem
Manuel CASTILLO, teniente	idem
Miguel DE SOTOLONGO	Hanavana
Miguel DE CHAVES	Horcón
Pedro QUIROZ	Jesus, Maria, Jose
Estevén FIALLO, teniente	" " "
Félix GONZALEZ	Jesus del Monte
Félix DE LA CRUZ, teniente	" " "
Tomás BORREGO	Jubajay
Francisco FRANCO, teniente	"
Miguel DIAZ	Luyanó
Joseph GATERA, teniente	"
Gregorio ZAMORA	Macuriges
Bartolomé PITA, teniente	"
Francisco OLIVA	Managua
Juan CASTILLO, teniente	"
Manuel GUZMAN	Mantua
Ramón IZQUIERDO, teniente	"
Francisco QUIJANO	Melena
Cayetano CAMPO, teniente	"
Manuel BENITEZ	Naranjal
Mariano MURGUIA	Pinar del Rio
Agustín DUARTE, teniente	" " "
Vicente CASTILLA	Cerro ó Prensa
Joseph MACHADO, teniente	" "
Cristobal PACHECO	Quemado
Gerónimo VILLALBA	Regla
Juan GORDILLO, teniente	
Nicolás BENITEZ, teniente	Rincón de Sibarímar
Joseph GONZALEZ	Rioblanco del Norte
Miguél DE LUNA, teniente	" " "

Jueces Pedaneos	Lugar
Juan BORROTO	Rioblanco del Sur
Hermenegildo MARCHAN	Santa Ana
Antonio ALVAREZ, teniente	" "
Miguel GUERRERO	Sta.Cruz de los Pinos
Juan AMADOR	Gerónimo ó Cerro
	Pelado
Antonio DE PUENTES	Juan de Martinez
Antonio GUZMAN, teniente	" " "
Agustín RAMOS	San Lázaro
Rudensindo DE LOS OLIVOS,tte.	" "
Joseph MOREJON	" Luis de la Ceiba
Joseph GARZON, teniente	" " " " "
Blás SIGLER	" Miguel
Joseph DIAZ, teniente	" "
Felipe NUNEZ	" Pedro
Joseph DE LA TORRE, teniente	" "
Benito HERNANDEZ	Taguarámas
Francisco DEL CASTILLO, tte.	"
Santiago RODRIGUEZ	Yumurí (75)

1797

Remedios

Lista de los nombres de los testigos que aparecieron en el pleito contra Antonio JULIEN por haber tratado de comerciar ilicitamente con un buque inglés, 31 de agosto de 1797.
Pedro MONTALBAN, natural de Remedios, casado.
Josef María MORALES, natural de Remedios, casado, 32 años.
Luis Miguel DE ROJAS, capitán de milicias disciplinadas.
Cayetano DE ROJAS, 29 años.
Matías SARDUIS?, casado, 44 años.
Jose Joaquin FERNANDEZ, oficial interventor, natural de Remedios, casado, 31 años.
Miguel FERNANDEZ DEL PORTAL, natural de Remedios, casado, 62 años.
Pedro Agustín REGUERRA, natural de Remedios, 35 años, barbero.
Juan Luis MARTINEZ, natural de Tolón en Francia, soltero, 42 años.
José Miguel Reimundo DE MORALES, labrador, 48 años.
Rosendo PEREZ, compadre del acusado.
José Francisco DE MORALES, soltero, 33 años.
Fernando GONZALEZ, 50 años mas o menos.
José del Sacramento LABRADO, soltero, labrador, 25 años.

Josef NEINTADO? DE MENDOZA, natural de Vera Cruz, México, casado, sastre, 41 años.

Juan Josef DE MORALES.

Juan Josef LOPEZ, natural y vecino de Santa Clara, 40 años.

Juan Miguel RODRIGUEZ, 46 años.

Clemente SANTIAGO, voluntario de Milicias Disciplinadas, natural de Galicia, casado, 37 años.

Francisco MARTINEZ TRONCOSO.

Juan Francisco DELGADO, casado, labrador, 26 años.

Josef DEL RIO, sargento, 50 años.

Antonio ESPEJON?, natural de Remedios, casado, soldado del cuerpo de Milicias del Batallón, 30 años

Manuel MUÑOZ, teniente de Milicias Disciplinadas.

Josef Miguel GARCIA, 43 años.

Sebastián PEREZ, el jóven, natural de San Antonio de Regla, casado, de 28 años de edad.

Juan de Dios PEREZ, natural del Santuario de Regla, casado, de 23 años de edad.

Otros en el caso: Francisco SOLANO, Antonio GONZALEZ, Marcos Antonio DE ROJAS, subteniente; Jose VENCOMES, Bernardo NIEVES?, José Benito NUÑEZ, Bernardo SEMPÈR, Juan el Vizcaino compañero de Pasqual el Maltes, José Miguel MORALES, José Manuel DE ROJAS MORALES, Ramón DEL TRIO ó TRILLO, Juan DUTIL, Felipe CANSINO?, Josef Joaquín CARRANDI, José BUTAN o BUJAN, vecino de Santa Clara; Bernardo NUÑEZ, vecino de Sta. Clara; Miguel DE CALA, práctico del puerto de Baracoa; Andrés DE ROJAS, Gregorio RUIZ, alcalde ordinario.

<u>Otros nombres que aparecen durante el siglo XVIII:</u>

Valeriano DE SOTO, vecino de La Habana, se encontraba en la ciudad de México en 1707.

Joseph GALLO, mujer e hijos, residentes en Cuba conocidos por el anterior.

Francois COURBILLE, teniente del Castillo de El Morro de La Habana, francés, en Cuba ca. 1703-1706.

Jean Arnauld COURBILLE, mayor, padre del anterior, francés, en Cuba ca. 1703-1706.

<u>Notas del Capítulo V</u>

(66) AGI, Santo Domingo, Legajo 520.

(67) MARRERO, Levi. <u>Cuba, Economía y Sociedad</u>, Tomo 7, Madrid, 1978.

(68) "Padrón de las familias de Holguin, 1735". AGI, Santo Domingo, Legajo 497.

(69)AGI, Santo Domingo, Lagajo 384.
(70)(71)Cabildo de Santiago de Cuba.
(72)Relación de O'REILLY al Conde de Ricla, 22 de
     noviembre de 1763. AGI, Santo Domingo, Legajo
     2078.
(73)"Libro que contiene el índice de las familias
     Floridanas en Regla, Guanabacoa, y Guadalupe,
     1763-4". AGI, Cuba, Legajo 548, E.
(74)AGI, Santo Domingo, Legajo 2129.
(75)<u>Calendario Manual y Guía de Forasteros de la
     Isla de Cuba para el año de 1795</u>.   Imprenta de
     la Capitanía General, La Habana, 1795.

Glosario

Alcaide - carcelero.
Bivientes o vivientes - personas que vivían en la
     propiedad o casa de otro pero que no eran nece-
     sariamente parientes.
Corral - para la cría de cerdos.
Estancia - para la cría del ganado vacuno.
Hato - para la cría del ganado vacuno, pero de ta-
     maño mas grande.
Morador ó moradores - pobladores sin derechos de
                        ciudadanos.
Mozo - el mas joven cuando hay dos del mismo nombre
Natural de - se refiere al lugar de nacimiento de
              la persona.
Natural - se refiere a un indio o india del lugar o
           tierra que se indica.
Trapiche - un primitivo y pequeño ingenio de azucar
Vecino - residente de una ciudad con derecho a
          votar y participar en el gobierno. Normalmente
          se cuentan cinco (5) personas por cada vecino.

Abreviaturas

Alf. = alférez
Fdez. = Fernández
Glez. = González
Hdez. = Hernández
Lcdo. = licenciado
Mtez. = Martinez
orig. = original
p. = página
Pbro. = presbítero
s/n = sin número
trapi. = trapiche
tte. = teniente
vec. = vecinos

Apéndice

Cifras y estadísticas que expresan el total de la población de diversas villas ó ciudades y provincias cubanas en las fechas indicadas.

1518 - Trinidad, Sancti Spiritus - cada una tenía 300 habitantes antes de la expedición de CORTES.
1570 - Baracoa: 8 españoles pobres, 17 indios casados.
    Bayamo: más de 80 españoles, 80 indios casados.
    Guanabacoa: 60 indios casados, un sacerdote.
    La Habana: más de 60 vecinos.
    Los Caneyes: 20 indios.
    Puerto Principe: 25 españoles pobres, 40 indios casados.
    Sabana de Vasco Porcallo (Remedios): 20 vecinos-mitad de españoles y mitad de indios.
    Sancti Spiritus: 20 españoles, 20 indios casados.
    Santiago: 32 vecinos.
    Trinidad: 50 indios casados.
1598 - Cuba: 800 vecinos-4,000 habitantes
1608 - La Habana: "...no llega a 500 vecinos sin los soldados, gentes pasajeras, negros y mulatos."
    Guanabacoa: "...pueblecillo de indios... lo mas tendran 60 casas de paja."
    Trinidad: "...pueblo de 40 a 60 casas..."
    Sancti Spiritus: "Este pueblo no tendrá 80 vecinos..."
    El Cayo: A 18 leguas de Sancti Spiritus y no tiene dos docenas de casas.
    Puerto del Principe: "...tendrá 150 casas."
    El Bayamo: "...es el mejor lugar de esta isla, sacada La Habana. Tendrá 200 vecinos..."
    El Cobre: no reportó por suponer que el capitán Francisco SANCHEZ DE MOYA debe de haber dado cuenta.
    Santiago de Cuba: 600 almas contando los recien llegados de la isla la Española por causa de los rescates.
    Baracoa: 20 casas de indios españolados.
1610 - Cuba: Población total - 20,300
1620 - Cuba: Población total - 6,972

```
1684 - San Luis de los Caneyes - 30 vecinos indios
       Jurisdicción de Bayamo:Santa Ana, Guanarubí,
         Jiguaní de Arriba, Los Quemados,Cautillo,
         y Sao - 272 personas (mayormente indios).
1688 - La Habana: 3,000 vecinos.
       Guanabacoa: 200 vecinos naturales  y españo-
                 les.
       San Juan  de los Remedios del Cayo: 200 vec.
       Sancti Spiritus: 300 vecinos.
       Trinidad: 300 vecinos.
       Puerto del Principe (Camagüey): 400 vecinos.
       Bayamo: 400 vecinos:
       Santiago de Cuba: 400 vecinos.
       Baracoa: 50 vecinos.
1732 - Holguín: 110 familias.
1735 - Holguín: 122 familias/732 personas.
1752 - Holguín: 268 familias/1,426 personas.
1756 - Holguín: 345 familias/1,751 personas.
1774 - Cuba: Población total  -    171,626
                             -    172,620
1775 - Cuba: Población total  -    170,370
                             -    171,678
1778 - Cuba: Población total  -    179,514
                             -    165,568
1791 - Cuba: Población total  -    254,821
                                   272,141
1792 - Cuba: Población total  -    272,140
                "      blanca -    133,553
                "      parda  -    140,386
```

Las diferencias en las cifras de la población total
de los censos del 1774 al 1792 se deben al ser cal-
culadas por personas diferentes y en épocas separa-
das.

Indice de Apellidos

Blasco - 8-9
Bolanos - 79
Borges - 90
Borrego - 5, 93
Borroto - 15-6, 20, 22, 26
Bosque - 24
Bowman - 1
Bran - 39
Brijas - 24
Briones - 84
Brixas -24
Briza - 84
Brunon - 73
Bufalanse - 87
Burgos - 43

Bojos - 7
Borda - 33
Borjes - 93
Borrero   -   61,   69
Bosa - 49
Boto - 17
Boza - 78
Bravo - 21, 38
Bringues - 69
Brito -   33, 38, 77,
     79, 83-4, 90
Brozo - 85
Buesos - 7
Bujalanive - 86
Butanobujan - 95

C -
Caballero - 80, 87
Cabrera - 13, 16, 22, 34-5,
     43, 59, 64, 68
Cala - 95
Caldera - 30
Calero - 87
Calixto - 83
Calvillo - 16, 20, 30, 33
Calvo de la Puerta - 16, 28,
     35, 46, 91
Campo - 18, 22
Candelaria - 43
Caniego - 47
Cansino - 40, 95
Cantal - 85
Caraba - 44
Carabeao -51
Caracas - 74-5
Cardenas - 18, 44-5, 73, 91
Carlos - 20, 41
Caro - 4
Carrazana - 48
Carrillo - 10, 30, 33, 46-7
Cartagena - 18
Cartella - 83
Carvallo - 84
Casas - 16, 20, 22, 26, 28,
     34, 90
Castano - 9, 30
Castellon - 23, 40, 45-6, 73
Castilla - 11-2, 14, 16, 21, 32, 44, 85, 93
Castillo - 7, 16, 19, 21, 23, 29, 44-5, 75,81,92-4

Cabezas - 30
Caceres - 4, 52
Cadiz - 23
Calcetas - 60
Calderon - 9-10, 18
Calistro - 75
Calona - 14-6, 32
Calvo - 20, 32, 44-5,
Callejas - 89
Camacho   -   5,   21
Canadas   -   86
Candelario   -
Cano - 72
Canizares -70
Car - 74
Caraballo de Villa-
     vicencio - 51
Carbajal   -   17
Cardoso - 89
Carmanes - 7
Carrasco - 22
Carreno - 13-6, 32
Carrion - 17, 28
Carte - 22
Carvajal   -   21, 28,
     35, 39, 46, 51, 70
Casiquito -   75
Castaneda   -   70
Castellanos - 33, 42,
     70

Marchán - 94
Marero - 81
Maria - 39
Marín - 46, 70, 90
Manrique - 14, 16, 20, 28
Marques - 11, 13
Marquez - 17, 19, 21, 23, 31, 33, 44, 48, 66
Marrero - 57, 77
Marroqui - 6
Martamoros - 18, 44
Martí - 21
Martín - 9-12, 14, 17-24, 26, 28, 30, 33, 38-40, 42, 44-5, 49, 51, 61, 70, 83
Martín de Conyedo - 48
Martín de los Santos - 48
Martín de Sanremo - 48
Martín del Castillo - 70
Martinez - 15-7, 20, 29, 35, 37, 70, 76, 79, 84, 93-5
Martinez del Fregenal - 4
Mathea - 80
Matos - 26, 31, 32
Medina - 6, 8, 24, 32 37-40, 43-4, 79
Meira - 88
Mejias - 4
Melgareso - 30
Mena - 47
Mendez de Norona - 31
Mendez de la Rona
Mendiola - 48
Mendoza - 6, 11, 51, 71-2, 80
Menéndez de Avilés - 13
Merin - 80
Mesa - 5, 14, 20, 85, 88
Mexias - 78
Meyreles - 92
Miguel - 91
Milhombres - 37
Millares - 81
Miranda - 11-2, 16-7, 20, 22, 69, 86, 89-90, 92
Miza - 17
Molina - 17-8, 20, 28, 32, 70, 79, 92
Monje - 24
Monsón - 75, 80, 86, 89
Montanes - 10
Monteagudo - 48
Montenegro - 71
Montiel - 21
Mora - 21

Marcos - 23
Maresa - 46, 92
Maribardo - 12-3
Mtez. de Cuellar - 85
Manrique de Rojas - 14, 28
Marron - 44
Marroquín - 6
Martel - 9, 18-9, 21

Martin de la Rochi - 58
Martin.de Sinjar - 48

Mateo - 19
Matheo - 81
Matos de Gama - 28

Medrano - 71
Mejia - 5, 10, 16, 28
Melendez - 22, 82-4
Melo - 33, 49, 82-3
Mendez - 18-21, 39, 47, 49, 75, 85
Mendez de Leon - 49
Mendizabal - 46
Menendez - 13
Merchan - 15, 18
Merino - 30, 32
Mexia - 44, 48
Mexicano - 19
Mezza - 5
Milanés - 62
Millán - 5
Minguez - 40
Modazon - 29

Monroy - 76
Montalban - 94
Montano - 21
Montejo - 4, 36
Montes de Oca - 80-2
Montoya - 51

P -

Pablos - 46
Padrón - 52, 77
Paez - 15
Palacios - 6, 59
Palma - 34, 40, 47-8, 74
Pango - 11
Pantoja - 44
Pardaza - 37
Pareda - 87
Parra, de la - 53, 89
Pascual - 12
Pastrana - 21
Patón - 24
Pavia - 12
Pazamo - 82
Pedrosa - 34
Pelaez - 14, 16
Penarrubia - 48
Pendaz - 33
Penalver - 37, 42, 73
Pereira - 32, 44
Pereyra - 17
Perez - 12-3, 16-7, 19-21, 24, 28, 32, 34, 36-7,
    39-41, 44, 48-9, 51, 70-1, 73, 77, 81-2, 84, 86,
    88-90, 92, 94-5
Perez de Alejo - 48

Perez de Arteaga - 11-3
Perez de la Cruz - 48
Perez de la Nora - 85
Perez de la Rosa - 86
Perez de Lugo - 32
Perez de Morales - 48
Peroja - 22, 28
Phelis - 70
Picle - 74
Pila - 22
Piloto - 51
Pina - 69-70, 84
Pineda - 5, 9, 39
Pino - 33, 45, 87
Pinzon - 18
Pita - 46, 92-3
Pobeda - 35
Ponce - 70, 76
Ponjarraz - 4
Porcallo - 5-6
Porras - 17, 20
Portugues - 11, 18

Pacheco - 4, 26, 28-9
    31-2, 52, 70, 93
Palacio - 31
Palacios del Oyo - 52
Panequess
Paniago - 87
Par, de la -
Pardo - 5, 14, 32,
    37, 39, 41
Parraga - 33
Pasqua - 75
Patino - 31
Patricio - 51
Paxam - 66
Pedro - 6
Pedroso - 34, 47
Pena - 57, 67-8, 71
Penate - 76
Pena - 21, 60
Perdomo - 23, 78, 85
Peres - 6, 52

Perez de Acosta - 26
Perez de Angulo - 8-9
    27
Perez de Borroto - 8-
    16, 20-1, 35, 48
Perez de la Riva - 1
Perez de la Torre -
    62
Perez del Castillo -
    16
Piache - - 19
Piedra - 28
Pilares - 86
Pimienta - 33
Pinal - 33
Pinedo - 5
Pinto - 21
Piqueyra - 24
Plaza
Polo - 19-20
Ponce de Leon - 87
Ponze - 92
Porlier - 73
Porro - 69
Poveda - 32, 47

CPSIA information can be obtained
at www.ICGtesting.com
Printed in the USA
BVOW06s0333060617
486115BV00005B/11/P